# Казнь

**Андрей Зарин**

# КАЗНЬ

## I

Знойный майский день сменился душным вечером. Заходящее солнце окрасило пурпуровым заревом полнеба и, еще не побежденное тьмою, слабо освещало землю. Утомленные зноем, горожане вышли на улицы, на набережную Волги, на "вокзал" — увеселительный сад над рекою, в городской сад "под липами" и гуляли, отдыхая от зноя и трудового дня.

В бледных сумерках по аллеям городского сада медленно бродили гуляющие в одиноком раздумии, влюбленными парами, веселыми группами.

В боковой тенистой аллее, на скамье, сидела кокетливо одетая молодая женщина; она оперлась обеими руками на ручку пышного зонтика и задорно смотрела на стоявшего перед нею и говорившего с ней господина.

Ему на вид было лет шестьдесят. Длинный, сухой, в цилиндре и темном пальто, он производил неприятное впечатление жестокою и грубою своей фигурою, которое не смягчалось и при взгляде на его лицо. Маленькие глаза в глубоких впадинах почти прятались под седыми косматыми бровями, длинные усы с подусниками, несомненно крашеные, спускались вниз, а за ними словно тянулся острый и тонкий нос; наконец, толстые губы и мясистые уши — все это не могло внушать доверия, а тем более симпатии к обладателю такой физиономии. А между тем этот худой господин говорил кокетливой женщине дрожащим от страсти голосом:

— Навигация началась. Ты скажи ему, что хочешь прокатиться, что мать достала тебе билет. Я передам его ей. И мы отлично проведем время. До Нижнего и назад. Хочешь, в Петербург проедем...

— В Петербург непременно! — подхватила собеседница. — Я собиралась с тобою зимой, он не пустил.

— Он ревнив, — заметил господин.

— Ох, и не говори! — женщина стукнула зонтиком. — Я думаю, он может убить тебя! — и она засмеялась, увидев, как он вздрогнул. — Нет, — успокоила она, — не бойся! Он подозревает, но ничего не знает наверное. Поэтому и злится.

— Но меня-то знает?

— Кто же тебя не знает! — Она замолчала.

Мимо них прошли гуляющие. Господин отвернулся, стараясь скрыть свое лицо. Когда все прошли, он обернулся к женщине.

— Нет, здесь совершенно неудобно. Я пойду. Если уладишь поездку, пришли записку в банк. До свиданья! Я бы поцеловал тебя, но... — голос его при этих словах задрожал снова.

Молодая женщина рассмеялась.

— Что же, целуй!

Но господин только улыбнулся, причем казалось, что его острый нос на миг прильнул к толстой губе, и, чуть кивнув головою, он медленно пошел по аллее к выходу.

Молодая женщина посидела с минуту, потом встала и беспечно пошла той же дорогой, но едва она вышла на главную аллею, как кто-то резко схватил ее за руку.

Она оглянулась, и улыбка тотчас исчезла с ее лица. Перед нею стоял господин лет сорока, высокого роста, широкий в плечах, с грубым лицом крестьянина; брови, усы и борода его были так светлы, что почти сливались с лицом, серые небольшие глаза светились злым блеском, широкий рот кривился злобою. Он был одет в изящное светлое пальто, светлый котелок и красные перчатки; в руках у него был зонтик.

Молодая женщина быстро оправилась от первого испуга и, видимо бравируя, сказала:

— Что у тебя за манеры? Ты совершенный мужик!

Он не обратил внимания на ее слова.

— У тебя было свидание с Деруновым? Да? Я его видел сейчас. Встретил.

Молодая женщина презрительно пожала плечами.

— Последнее время ты его видишь всюду: в стакане чая, в тарелке супа. Если ты его и видел, что это доказывает? Однако пойдем, чтобы не привлекать толпу, и дай мне руку!

Она ловко продела свою руку под его, повернулась к выходу и повела его. Он шел, продолжая говорить:

— Я знаю, что ты врешь и меня обманываешь. Знаю, что ты виделась с Деруновым, и, клянусь, если добьюсь факта — плохо будет! Ты не знаешь меня. Я убить способен... да, убить!

— Не жми так руку! И говори тише: все оглядываются.

Он понизил голос.

— Я, Катерина Егоровна, дорожу своим именем и не

позволю себя вам дурачить. Я мужик, да-с! А вы благородная были девица; но я пробил себе дорогу, имею честное имя, и вы сами согласились носить его. Так носите с честью! Я, может, и по-мужицки понимаю ее, честь эту, но уж тут меня не переделать.

Екатерина Егоровна только презрительно пожала плечами. Он прошел несколько шагов и заговорил снова:

— Позор! Я спрашиваю: "Что будешь делать?" — "Сидеть дома". Я ложусь спать, просыпаюсь пить чай — и что же? Лушка мне чуть не в глаза смеется: "Чуть вы легли, барыня оделись и ушли!"

— Если я захотела прогуляться.

— Лжешь! Не прогуляться, а ты условилась и успокоила меня. Ты боялась, как бы я не вызвался идти с тобою!

— Все это твои выдумки. Ты сам раньше говорил, смеясь, что я не знаю, что буду делать через пять минут, а теперь — вот!

Они дошли до деревянного флигелька с раскрытыми настежь окнами, с обитой зеленым сукном дверью, на которой блестела медная доска с надписью: "Александр Никитович Захаров", и Екатерина Егоровна с силою дернула ручку звонка. Звонок громко задребезжал.

Курносая, вся в веснушках девушка распахнула дверь и впустила господ.

Александр Никитич быстро сбросил с себя пальто и, снимая на ходу перчатки, прошел в кабинет.

— Разогрей самовар и подай простоквашу, — донеслось до него распоряжение жены.

Он подошел к письменному столу и опустился в кресло. Прилившая к голове кровь стучала в виски и резала глаза. Он прикрыл их рукою и задумался.

Он сознавал отчетливо, ясно, что нет ничего пошлее ревнивых подозрений, но они сами лезли ему в голову и не давали ему покоя. С чего началось?.. Почему Дерунов?.. Правда, ей скучно с ним: она жизнерадостна и любит веселье, он угрюм и необщителен. Она иногда тосковала, иногда они ссорились и все-таки жили складно, а теперь?.. Ему стали припоминаться случаи, когда, придя со службы, он обедал один, когда вечер за вечером она уходила в театр, к знакомым, оставляя его одного. Хозяйство запущено, все в забросе: пыль не сметена, иногда вечером перед самым чаем оказывается, что вышел весь сахар. Лушка заваривает чай... Потом вдруг у нее появились наряды. На какие деньги? Она говорит, что дает мать. Разве может давать мать из 60 рублей пенсии с ее замашками, а?.. И в то же время проверить это — мучительно позорно... и вдруг она едет в коляске с этим Деруновым! Что у них общего? Он богач, воротила в банке, а она? Жена думского бухгалтера! И, наконец, он с Деруновым незнаком. Она говорит, что познакомилась с ним у Можаевых, что он предложил ей прокатиться. Познакомилась — хорошо; но зачем же кататься? И, наконец, сегодня!... Сперва встретил его, следом за ним ее. Какая она шла веселая и как испугалась встречи с ним... О-о!!

Александр Никитич схватился руками за голову и только тут заметил, что он сидит в шляпе. Котелок полетел на диван вместе с перчатками.

Он встал и в волнении заходил по комнате.

В дверь заглянула Екатерина Егоровна. Маленькая, полная фигурка ее в светлом сарпинковом платье была изящна; полное лицо с задорно смеющимися глазами, с пунцовыми губами и ямочкой на щеке, с пышно взбитыми волосами над белым лбом дышало чистотою.

— Ну, успокоился? — спросила она шутливо. — Иди чай пить.

Он остановился перед нею и невольно улыбнулся, хотя брови его еще были нахмурены. Потом он быстро привлек ее к себе и порывисто обнял. Она, сложив на груди руки, прижалась к нему.

— Отчего ты такой? — спросила она его тихо. Он крепче прижал ее к себе.

— Ах, я бы сам хотел перемениться, но что-то порвалось между нами, и ты не хочешь поправить, а я не умею. Все оттого, что я люблю тебя, что я самолюбив, что я, раз усомнившись, не могу вернуть к себе с легкостью прежней веры.

— Я тебя ни в чем не обманываю, — прошептала она.

— Ах, это было бы так жестоко! — страстно сказал он и стал порывисто целовать ее лоб и глаза. — Если разлюбишь, скажи лучше прямо, но не обманывай, не лги! Я не могу быть в неведенье! Все, кроме обмана!

Она выскользнула из его объятий.

— Пойдем! А то опять самовар простынет!

Он обнял ее за талию и, успокоенный, счастливый, прошел с нею в ярко освещенную столовую.

. . . . . . . . . . . . . . . . . . . . . . . . . . . . . . . . .

После безумного взрыва страсти, который охватил Александра Никитича вслед за долгими ночами гнетущих сомнений, он лежал на постели и наслаждался сознанием взаимной любви.

Екатерина Егоровна прижалась к нему полными грудями:

4

— Милый, если ты хочешь совсем избавиться от своих подозрений, отпусти меня недели на три-четыре.

Он вздрогнул.

— Куда?

— Я проеду по Волге... До Нижнего... и назад. У мамы есть даровой билет первого класса. Ты по письмам моим увидишь, что, кроме тебя, мне ни до кого нет дела. Я вернусь и стану совсем другая. Ты все забудешь.

Он молчал. Она подождала немного и, обнимая его, заговорила снова:

— Ты знаешь, как у нас летом гадко. Пыль и жара. Я хоть месяц подышу полною грудью, и это почти ничего не будет стоить. Ты дашь мне... ну, двадцать пять рублей! Ты молчишь? Поедем вместе!

Он порывисто обнял ее.

— Разве я могу? Поезжай одна, отдохни, проветрись и вернись ко мне прежней. Нет, — поправился он, — сегодняшней!

Она стала целовать его лицо, и он зажмурился от ее ласк, нежась и млея...

. . . . . . . . . . . . . . . . . . . . . . . . . . . . . . . .


# II


Духота вечера смягчалась прохладою огромной реки. Воды ее поднялись высоко, она разлилась по отлогому берегу и казалась широкою, как море.

Пароходы уже тянули по ней караваны барок, пассажирские пароходы-гиганты быстро неслись пеня своими колесами воду, парусные и весельные лодки мелькали тут и там, "Зеленый остров" был затоплен, и лодки гуляющих скользили между деревьев, царапаясь дном о верхушки кустов.

Одна из лодок врезалась в крону тополя и стояла недвижно, в то время как пассажиры ее лениво наслаждались покоем.

Их было двое, и, хотя они не были похожи друг на друга, всякий признал бы их за двух братьев.

Один из них, тот, что сидел на веслах, был мужчина лет тридцати шести, плотный, с коротко остриженными волосами и красивою темно-русою бородою; серые глаза его смотрели мечтательно, но в них чувствовалась твердая воля, чувствовалась она и в резком подрезе ноздрей широкого носа, и в складке губ. Он сидел без сюртука, в жилетке с золотой цепью и крахмальной сорочке. Другой, сидевший на носу, был высок, строен и широк в плечах. Черты лица его были тонки и правильны, подвижные ноздри говорили о пылкости характера, большие голубые глаза то загорались азартным блеском, то становились тусклыми; длинные, густые волосы гривою лежали над его высоким лбом и, падая на воротник, почти закрывали уши. Маленькая острая бородка и небольшие усы открывали его изящно очерченный рот. Ему нельзя было дать более тридцати лет.

В синей рубахе, с расстегнутым воротом, стянутый в талии широким кушаком, он, откинувшись на корму, курил сигару, а на него любовным, задумчивым взглядом смотрел старший брат, облокотившись на колени расставленных ног. — Господи, как хорошо! Не оторвешься! — воскликнул после некоторого молчания младший. — Гоголь писал: "Чуден Днепр при тихой погоде, когда вольно и плавно...", а посмотрел бы он на нашу Волгу. Ширь-то, ширь какая! А какая история, легенды, предания!...

— Стенька Разин и прочие, — отозвался старший.

— Шути! А и Стенька Разин разве теперь не достояние поэтов? Какая удаль, какой размах! Этот не караваны грабить, а на самую Москву шел — воевод ссаживать.

Старший не ответил. Младший глядел на небо, где уже догорал закат и темная туча ползла, как чудовище, медленно, но неуклонно, на безбрежную водную гладь, на город, который издали светился огоньками. Он погрустнел.

— Вернувшись назад, после восьми лет разлуки, как безумно хочется вернуть все пережитое, а оно уже ушло без возврата, и чувствуешь себя словно обманутым. Вот здесь, на этом месте, вернее, под этим местом, потому что вода залила остров, сколько перемечтал я с товарищами, каких клятв мы не давали друг другу! И что же?..

— Что же? Ты писатель, твое имя известно, тебя хвалит критика и любит читатель, — возразил брат.

Глаза младшего вспыхнули, он тряхнул волосами и сердито воскликнул:

— Ах, не говори мне о моем писании! Это мое проклятие! Я еще ничего не написал такого, что мне по сердцу; ничего так, как мне нравится. Все написанное надо бы разорвать, а между тем, по малодушию, я нес и продавал, потому что мне давали деньги, а они так нужны в Петербурге! Мое писание, моя

6

известность! — повторил он с горечью. — Да разве это писание — в иллюстрированных изданиях для семейного чтения? Мои читатели! Э, Бог с ними! А критика? Напротив, я бы гордился, если бы меня бранили, а не хвалили бы так равнодушно-казенно. Разве о такой известности я мечтал и мечтаю? Нет, Яша! Подожди. Я еще верю в себя! А пока мне грустно, и томит меня иногда разочарование.

Он замолчал. Брат с любовью ему ответил:

— Ты всегда был таким. То полное презрение к себе, то вдруг сатанинская гордость. В тебе нет выдержки, и от этого ты неровен, как женщина, а иногда легкомыслен, как ребенок.

— Что же, я от этого не отказываюсь. У меня никогда не было твоего равновесия, а следовательно, и силы. Я всегда портил сам свою жизнь и вот теперь... Ах, как мне тяжело, Яша! — вдруг произнес молодой человек с тоскою. — Я терплю такую муку! Признаться, Яков, я думал, что в Петербурге сердце мое настолько износилось и я так опошлился, что уже застрахован от глупости, а между тем...

Лицо старшего брата опечалилось.

— Оставь эту мысль, Коля, — сказал он строго.

— Оставь, оставь! — пылко заговорил Николай, сверкнув глазами. — Ты никогда не поймешь этого! Ты отдал мне, неблагодарному, все свое сердце и всю свою любовь, так тебе ли судить о любви к женщине? Слушай! Ты всего не знаешь. Я ведь любил ее, а она меня. Когда я оканчивал гимназию, там, — он указал на город, — рука об руку я с ней гулял по аллеям сада. Она говорила мне о любви, она целовала меня!... Разве это легко забыть? Потом наша переписка! У меня все письма ее смочены моими слезами. Нет, старая любовь не ржавеет. Я увидел ее, и в душе моей все воскресло снова! Я даже не понимаю, как все случилось. Я знаю, виноват я. Там я увлекся подлою бабой и прекратил с Аней переписку. Если она вышла замуж, то опять, я знаю, с отчаянья. Но разве от этого легче? Мне-то? Когда я увидел ее в первый раз после восьми лет, я думал, что упаду в обморок. В лице ее все: и кротость, и доброта, и прелесть, и все та же святая невинность. И теперь, я знаю, она несчастлива...

— Ты объяснялся с нею? — взволнованно спросил Яков.

— Я не такая свинья. Я благодарен ей, что она не гонит меня от себя; зачем же я буду смущать ее? Но я знаю, я вижу, что она несчастна. И как иначе? Ведь все знают, что за птица этот Дерунов. Эгоист, сладострастник, гадина! Был оценщиком в ломбарде Почкина, стал управляющим, наворовал, занимается ростовщичеством, теперь директор банка и важная персона! Много ты по его приказам векселей протестуешь?

Яков усмехнулся.

— Бывает...

— И она его любит! — воскликнул Николай. — Да никогда! Он омерзителен ей, противен, страшен. Прошлый раз он при мне сделал ей сцену. Был груб, как извозчик. Ах, я могу убить его! — он с яростью отшвырнул сигару, и она описала в воздухе огненную дугу.

Яков побледнел.

— Николай! — сказал он строго. — Ни вслух, ни вполголоса, ни про себя не произноси такого слова. Слово — половина дела.

Николай гневно махнул рукою.

— Слово это сорвалось у меня, но так же сорваться может и самое дело. Ах, Яша, Яша, как я люблю ее! — проговорил он. — Вчера, в то время как ты смотрел на свои звезды, я, как мальчишка, ходил под ее окнами. Промелькнул огонь, остановился в спальной и погас. Яша, я застонал от боли!... Я хотел камнем вышибить стекла и тем же камнем разбить ему голову.

— Опять! — воскликнул Яков.

— Ну да, опять! — угрюмо ответил Николай и резко сказал: — Едем домой! Пусти меня на весла.

Они поменялись местами, лодка заколыхалась; Николай повернул ее и затем с такою порывистой силой стал грести, словно хотел физической работой укротить свое волнение. Лодка быстро скользила по воде. Сумерки сгустились, и кругом было темно, только город сверкал огоньками, да по реке пароходы светились разноцветными огнями сигнальных фонарей, да изредка зарница освещала потемневшее небо.

Яков твердой рукою направлял лодку к сияющему огнями вокзалу, из залов которого вырывались звуки бравурной пьесы и разносились далеко по воде среди ночного безмолвия.

Правя рулем, Яков думал о своем любимом брате, с которым свиделся после долгой разлуки. Он был старше Николая на восемь лет и учился в пятом классе, когда они осиротели и остались без всяких средств. И вот он, шестнадцатилетний юноша, заменил родителей своему брату. Есть характеры, требующие подвига во имя любви, и к таким принадлежал Яков. Опекая брата, он словно нашел свое призвание. Он достал уроки, переписку, учился сам и учил брата. Когда он окончил гимназию, брат поступал в первый класс, и Яков отказался от университета. Учась в гимназии, он занимался в конторе местного нотариуса, и тот предложил ему у себя место. Прошло шесть лет; нотариус умер, нашлись люди, внесшие за Якова залог, и он стал нотариусом.

За десять лет он успел упрочить свое положение; любимый всеми, он расширил практику, и теперь у него был свой домик и накопленные сбережения.

В то время как Яков упорством и работой добивался самого ценного в жизни — спокойствия и уважения, — Николай метался в поисках своей колеи. Он оставил университет, пробовал быть актером, военным и, наконец, стал писателем. Воображение, искренность и горячее чувство при легкой форме изложения мысли выдвинули его из рядов посредственности, но отсутствие воли, упорства, порывистость натуры мешали ему подняться выше, и он, чувствуя это, нередко терзался, и терзания его, как и восторги, были сильны, необузданны, но мимолетны.

Яков любил брата, как мать любит сына, знал все его слабости и глубоко страдал за него. Теперь внезапное признание брата вызвало в его душе тревогу. Он знал, что у Николая сначала дело, а потом голова, и предчувствие беды сжимало его сердце.

Лодка тихо скользнула почти в уровень с платформою вокзала, мимо гигантского парохода, слегка ударилась носом в настилку пристани и стала. Яхт-клубский матрос принял лодку. Яков надел сюртук, Николай застегнул рубашку, они сошли с пристани и пошли домой.

Небо совсем заволокло тучами, и вдалеке слышались раскаты грома. Зарницы сверкали все чаще.

— Прибавим шагу, — сказал Яков, — сейчас дождь будет.

Буря бы грянула, что ли.
Чаша с краями полна. —

продекламировал Николай...

## III

Маленького роста, худенькая, Анна Ивановна Дерунова, несмотря на двадцать пять лет, производила впечатление девочки. Ее большие синие глаза под темными бровями глядели доверчиво и открыто, ее нежное лицо не утратило

9

способности от малейшего волнения краснеть до самого лба; масса рыжих волос, с оттенком светлого золота, ореолом окружала ее милую головку, и когда она склонилась над кроваткой Лизы, тихо напевая ей песню слабым голоском, то в своем светлом платье казалась ангелом, слетевшим к изголовью ребенка.

Девочка заснула, прижимая к груди крошечную куклу. Анна Ивановна перекрестила ее, выпрямилась и осторожно вышла из комнаты.

В просторной, светлой столовой, богато убранной солидной дубовой мебелью, на столе уже шумел самовар.

Анна Ивановна заварила чай и села на свое место в ожидании мужа, мечтательно устремив взор в раскрытое окно, за которым чернел сад. Огромное дерево черемухи качало своими ветвями у самого окна, и аромат ее цветов лился в комнату. На свет лампы в комнату влетела бабочка и забилась в предсмертной агонии о фарфор колпака.

Анна Ивановна сидела недвижно. Майская ночь со своею чарующей прелестью наполняла ее сердце волнением. О, с какою охотою она вырвалась бы из этих больших комнат, прижала бы к груди своей крошечную Лизу и побежала бы далеко-далеко по степям, через лес, через горы, дальше от всех этих лживых и грубых людей. Впрочем... и тут ее лицо вспыхнуло... кроме одного. Этого одного она любила и любит, но... она не должна даже думать про него. Это грех! И она тяжело вздохнула, обгоняя от себя весеннюю грезу, и сердце ее сжала тоска. Она поднялась, чтобы пройти в свою комнату за книгой, но в это время раздался резкий звонок, и она опять опустилась на свое место. Щеки ее побледнели, глаза затуманились, и лицо приняло покорное выражение.

В комнату вошел ее муж, Семен Елизарович Дерунов, тот самый, который час тому назад беседовал с Захаровой в сквере, и, молча кивнув жене головою, сел у другого конца стола.

Анна Ивановна взяла стакан, налила в него чаю в нажала кнопку звонка. В комнату неслышно вошла горничная.

— Подайте барину, — сказала Анна Ивановна, указывая на стакан.

— И принеси мне из кабинета вечернюю почту, — прибавил сам.

Горничная исполнила поручения и безмолвно удалилась. Дерунов придвинул к себе несколько писем, вынул из кармана перочинный ножик и, аккуратно вскрывая им конверты, медленно стал прочитывать письмо за письмом, изредка прихлебывая из стакана, причем острый нос его словно клевал в него.

Анна Ивановна пила из крошечной чашки, с нетерпением ожидая минуты, когда нальет второй стакан мужу и, тем закончив свои обязанности, уйдет в свою комнату и останется одна со своими мечтами. В столовой царила тишина, прерываемая только жалобной песней самовара.

Семен Елизарович допил стакан и дочитал письма. Анна Ивановна снова позвонила, снова явилась горничная и, исполнив свою обязанность, удалилась.

Анна Ивановна вздохнула с облегчением и хотела встать из-за стола, когда муж вдруг остановил ее словами:

— Я хотел поговорить с тобою!

Она молча опустилась на место. Прошло несколько мгновений.

Семен Елизарович отодвинул письма, взял обеими руками стакан и, устремив свои маленькие глаза на жену, заговорил:

— Я узнал неприятную новость. Оказывается, этот молодой Долинин, что приехал сюда (Анна Ивановна вздрогнула и опустила голову) когда-то был влюблен в тебя, и чуть ли не взаимно. Я ничего не слыхал об этом от тебя. Правда это?

Анна Ивановна подняла голову и взглянула на своего мужа вспыхнувшим взором.

— Правда! — ответила она. — Что же из этого? Если я не говорила тебе об этом, то только потому, что ты никогда этим не интересовался. Тебе не было дела до моего прошлого, ты не поинтересовался даже спросить меня, по любви ли я иду за тебя. Теперь ты спрашиваешь, и я отвечаю: правда! Но что из этого?

Глазки Семена Елизаровича сверкнули злым огоньком, острый нос на лице прижался к губе, что означало улыбку, и он ответил:

— Из этого — одно: ты должна прекратить сношения с этим молодцом. Я, ничего не подозревая, принял его у себя в доме, а в городе шушукаются и говорят всякую мерзость. (Анна Ивановна покраснела до корней волос.) Я могу и даже вправе не желать этого, и тебя не должно удивлять мое нежелание быть предметом сплетен. Ты напишешь ему (она сделала жест рукою)! Да! Напишешь сама, — подтвердил Семен Елизарович, — чтобы он забыл дорогу в наш дом, а для прекращения сплетен послезавтра уедешь на дачу. Покуда в сад...

Он замолчал и стал пить остывший чай. Анна Ивановна сидела молча, опустив голову.

11

— Ты чего же молчишь? — спросил он резко. Она подняла на него глаза.

— Что же мне отвечать? Хорошо, я напишу ему и перееду в сад, — ответила она тихо.

— И отлично! Я же, вероятно, поеду на месяц в Петербург, а вернувшись, переедем уже на дачу, — сказал он, и нос его опять прижался к губе.

Анна Ивановна встала и тихо вышла из комнаты. Семен Елизарович пытливо посмотрел ей вслед и с усмешкой сказал вполголоса:

— Поди, считает себя жертвою, а была нищей, когда я ее взял!

За его спиной послышался легкий кашель.

Он быстро оглянулся. За его стулом, в довольно развязной позе, стоял его лакей и наперсник Иван.

Лицо его было, несмотря на правильные черты, неприятно. Только долго всматриваясь в него, можно было увидеть, что это неприятное выражение получается от неморгающих век. Ему было на вид лет тридцать; вниз опущенные рыжеватые усы делали лицо его угрюмым.

Служил он у Дерунова лет десять, и прислуга рассказывала, что раньше он был шутник и балагур, но однажды его невесту, горничную Деруновой, вытащили из пруда, что в саду, мертвой, и с того времени исчезла веселость Ивана.

Барин же с того времени словно полюбил его еще сильнее, увеличил жалованье и приблизил к себе.

— Что скажешь? — спросил Дерунов.

Иван шагнул ближе.

— Пришла барыня под вуалем, — вполголоса сообщил он, — просила доложить.

— Высокая? — спросил Дерунов.

— Они были позавчера у вас, — пояснил лакей.

— Проси в кабинет и зажги там свечи. Я сейчас.

Он неторопливо допил свой чай, собрал письма и поднялся. Лицо его вдруг приняло холодное, хищное выражение.

Когда он вошел в кабинет, высокая, стройная женщина порывисто поднялась ему навстречу. Он спокойно поздоровался с нею и, сев в кресло у своего письменного стола, сухо спросил:

— Принесли?

— Нет, — глухо ответила она, — но, Семен Елизарович, если вы...

— Эх! — грубо перебил ее Дерунов. — "Если вы, если вы!"

12

Это я слышал уже десятки раз! Я не так богат, и потом, чего вы так волнуетесь? У вашего мужа есть деньги, слава Богу, и если он ставил свой бланк...

— Бога ради! — с отчаянием воскликнула женщина, отбрасывая вуаль. Ее красивое лицо исказилось страхом. Она нагнулась к Дерунову, протягивая ему руки.

Дерунов откинулся к спинке кресла.

— У меня нет таких средств, чтобы бросать пятнадцать тысяч, — сказал он.

— Перепишем, — умоляюще произнесла молодая женщина.

Дерунов засмеялся сухим резким смехом.

— В третий раз! И опять с бланком мужа? Да, скажите на милость, для чего он тешится этими бланками?

Молодая женщина закрыла лицо рукою.

— Не терзайте меня! — проговорила она. — Вы знаете...

Дерунов вздернул плечами, отчего вся его фигура изобразила знак восклицания.

— Вот терзания и кончатся. Сегодня вторник... — произнес он насмешливо. — Так послезавтра, в четверг, я их и опротестую. Я подождал бы, но в пятницу должен ехать. До четверга! — и он резко встал с кресла.

Молодая женщина побледнела.

— И это последнее слово?

— Последнее!

Она накинула вуаль и, едва кивнув ему головою, скорее выбежала, чем вышла из кабинета. До него донеслось рыданье.

— Счастливой дороги! — вполголоса произнес он, надавливая кнопку звонка, после чего снова сел к столу и стал заниматься, справляясь со своей записной книжкой, щелкая на огромных счетах и что-то замечая на листе бумаги.

А в это время Анна Ивановна окончила письмо к Долинину, загасила свечу и села у окна, устремив взор на покрытое тучами небо, на котором сверкали зарницы.

Письмо в пять строк, а какого труда, какой мучительной боли стоило написать его. У нее отняли друга, и теперь она одна, совсем одна. В темноте ночи никто не увидит, что глаза ее полны слез и что они медленно катятся по ее щекам.

В ее душе было так же темно, как в небе, только там сверкали зарницы... А у нее?..

Зачем он приехал?.. Он сразу смутил ее душу, нарушил покой, который она с таким трудом водворяла в своей душе. Долг, долг, долг! Она повторяла это слово и утром и вечером и приучила себя к нему, как наездник приучает коня к щелканью бича. И вдруг он явился, и вся эта баррикада рухнула и своими обломками готова раздавить ее сердце.

А теперь это письмо! Но это, может быть, к лучшему. Не видя его, она снова станет повторять свое заповедное слово, которое уже готова была забыть, — и победит, разбив свое сердце...

Она вздохнула. Сверкнула ослепительная молния, и по небу прокатился гром. Она встала, закрыла окно и в темноте начала молиться: "Господи, пошли мне силы идти, не спотыкаясь, моей дорогою, пошли мне силы исполнить клятву, данную пред Твоим святым алтарем".

Молитва успокоила ее. Она снова зажгла свечу и стала укладываться спать. Спустя час в спальню вошел муж. Она быстро отвернулась к стене, и он услышал ее глухой голос:

— Я написала письмо. Вон оно, на столе!

Дерунов взял листик бумаги, приблизил его к свече и внимательно прочел.

— Больше ничего не надо, — сказал он, кладя листик на стол, — конверт надписала? Отлично! Завтра я запечатаю его и пошлю по адресу.

И он стал медленно раздеваться, методично складывая на стул свою одежду.

В эту минуту снова сверкнула молния, и почти тотчас сухим раскатом прокатился гром. Из детской донесся плач Лизы. Словно спасаясь от гибели, Анна Ивановна выскочила из постели и бросилась в детскую...

Уже наступило ликующее утро после ненастной ночи, когда она вернулась из детской в спальню, вся дрожа от холода и волнения.

# IV

Дама, посетившая Дерунова, была не кто иная, как Елизавета Борисовна, вторая жена Можаева.

Сам Сергей Степанович Можаев был одним из уважаемых лиц в городе. Хорошей дворянской фамилии, богатый домовладелец, хозяин огромного имения в двадцати верстах от города, светлого ума и энергичный, он был выбран городским головою уже на третье четырехлетие.

Сергей Степанович был не совсем обыкновенный человек.

14

Окончив Дерптский университет, он увлекся наукою и посетил Йену, Берн и Гейдельберг; вернувшись в Россию, занялся адвокатурою, помещая в то же время в журналах статьи по экономическим вопросам; через пять лет бросил адвокатуру и увлекся электротехникой и, наконец, угомонившись, вернулся в свою родовую Можаевку, в родной город, и отдался сельскому хозяйству Здесь все вокруг занимались изготовлением подсолнечного масла, причем стволы подсолнухов, столь богатые поташем, бросались как отброс, — он тотчас же стал скупать их и открыл у себя в имении мыловаренный завод; там же он устроил лесопильню и мельницу, а в последнее время, найдя у себя фарфоровую глину, задумывал строить фарфоровый завод.

В этих его начинаниях главным помощником являлся Федор Матвеевич Весенин, технолог, приглашенный им сначала на мыловаренный завод, а потом ставший главным управляющим его имения, директором заводов и мельницы, правою рукою, другом и наперсником.

Маленького роста, сухощавый, но с широкими плечами и развитою грудью, небольшой круглой головою, всегда остриженный под гребенку, с резкими чертами лица, с быстрыми, умными черными глазами и черненькой бородкою клином, он походил на Мефистофеля со своею всегда насмешливой улыбкой. А Сергей Степанович Можаев представлял собою тип старинного русского барина. Огромного роста, массивный и величественный, с серебряными густыми кудрями до плеч, с седою окладистою бородою и ясными серыми глазами на лице, полном добродушия. Ему было уже 66 лет. Всю любовь своего горячего сердца он отдавал своей второй жене и дочери от первого брака, Вере Сергеевне, восемнадцатилетней девушке.

Она была вся в отца, но в ее фигуре, манерах, даже костюмах, сказывалась английская складка, оставленная ей матерью. Посторонним она казалась сдержанной, холодной, чопорной, но это не мешало биться в ее груди горячему сердцу; в разговоре она казалась не по летам рассудительной, но это не мешало ей мечтать и уноситься в фантастических грезах в неведомые миры; к окружающему она относилась внешне равнодушно, но на самом деле замечала любую мелочь; и мнение общества о ней горячо опровергала прислуга, зная, что в случае беды можно смело попросить защиты или совета у милой барышни.

Выйдя от Дерунова, Елизавета Борисовна перешла улицу,

подошла к ожидавшему ее, видимо, молодому господину и, взяв его под руку, увлекла в ближайший глухой переулок.

— Мы пропали, — сказала она глухим голосом. — Он обещал в четверг протестовать, и, как нарочно, в четверг мы переезжаем. Я совершенно теряюсь. Если ты ничего не придумаешь, я убью себя... отравлюсь!

Он, словно в испуге, прижал к груди ее руку.

— Только не это, — сказал он, — подумаем...

Она пожала плечами.

— Что придумать? У нас нет денег! Я просила, умоляла его...

— Ну?..

— Он сказал, что подаст в четверг... и был груб!... — она передернула плечами и замолчала.

В возбуждении они шли так быстро, что редкие прохожие обращали на них невольное внимание, но они не замечали никого и ничего.

Сворачивая с улицы в улицу, они вышли к Волге и вдруг очутились на задворках дома Можаева. Елизавета Борисовна подняла на своего спутника почти безумный взгляд.

— Видишь, — сказала она дрогнувшим голосом, — от судьбы не уйдешь!

Он, погруженный в мысли, не обратил внимания на ее слова. Вдруг лицо его просветлело. Он освободил руку и стал против Елизаветы Борисовны.

— Слушай! Если переписать вексель, то процентов надо, ну, положим, за год... — он поднял голову кверху, словно желая сосчитать количество их по звездам, но, не увидя их за тучами, опустил голову и сосчитал по пальцам. — Мы платили ему пятнадцать. Значит, две тысячи двести пятьдесят рублей. Соберем эти деньги.

Она с отчаяньем махнула рукою.

— Я же просила. Он не хочет слушать!...

Но он схватил ее руку и, крепко сжимая, сказал с уверенностью:

— Я пойду! Не бойся. Ведь он про тебя догадывается, это ясно. Я приду к нему как чиновник от губернатора с внушением, и он подумает, что ты открылась губернатору и тот меня послал, и - согласится. Согласится непременно! — воскликнул он и даже засмеялся. — Заплатим, перепишем, а там...

Она согласно кивнула головою, но тотчас ею овладела тревога.

— Где мы возьмем столько денег?

16

Но ее собеседника, видимо, охватило оптимистическое настроение.

— Пустяки! Я достану шестьсот рублей да вещей наберу на двести. Вот восемьсот. Достань остальные!

Она решительно тряхнула головою.

— Завтра пришлю тебе! — ив порыве радости обняла его. — Милый, как я люблю тебя! Ах, если бы не эти деньги, эти проклятые деньги, которые связали меня преступлением! Но когда я подле тебя, мне все равно. Иногда я хочу, чтобы меня судили.

— Лиза! — воскликнул он, не на шутку пугаясь.

— Да, хочу! — прижавшись к нему, страстно продолжала она. — Я бы тогда рассказала свою жизнь. Сказала бы, как меня уговорили выйти за него, как я томилась от его ласк, не находя в себе для него ни одного доброго слова, чувствуя себя оскорбленной, как раба, которую купили на рынке. Ах, Иван, если бы он был груб и жесток, развратен и глуп, я бы меньше ненавидела его. Да! И потом я бы рассказала, как встретила тебя и полюбила.

— Тсс! — испуганно остановил он ее. — Ты не понимаешь, что говоришь! Нас могут слышать! Мы подле изгороди, вдруг у вас в саду кто-нибудь гуляет!

— Пусть! — сказала она упрямо. — Все равно они узнают про это рано или поздно. А ты? Ты разве отступишься?

Он побледнел, но в темноте она не увидела его лица.

— Нет!

— Так чего мне бояться! — сказала она.

— Однако нам грозит опасность. Бросим фантазии, милая, иди домой и приготовь назавтра деньги. Смотри, приближается гроза. Я провожу тебя!

Он нежно поцеловал ее, разнял ее руки и, взяв одну под свою руку, повел к дому. Они поднялись по крутому откосу.

— Иди! — сказал он, еще раз целуя ее.

В это мгновение ударил гром и гулко покатился по небу. Тяжелые капли упали на землю.

— Торопись! — сказал он.

— До свидания, милый! — Она быстро пошла, и он видел, как она скрылась в подъезде. Тогда он раскрыл зонтик и медленно, под проливным дождем, пошел в свою холостую квартиру, думая о Елизавете Борисовне, связь с которой и тяготила, и пугала его, и в то же время привлекала вспышками безумной страсти, во время которых он, слабый и безвольный, чувствовал себя полным энергии и жизни.

Елизавета Борисовна незаметно скользнула к себе в будуар,

17

только горничная да швейцар знали об ее кратковременной отлучке. В это время в столовой был уже накрыт легкий ужин. Весенин с утра приехал из имения на велосипеде и почти все время сидел в кабинете с Сергеем Степановичем, обсуждая, по-видимому, что-то важное.

Вера сошла в столовую и, заварив чай, задумчиво опустила головку на руку. Ее заставил очнуться веселый голос Весенина:

— О чем задумались, барышня?

Она вздрогнула, но, увидев Весенина, улыбнулась. Он сел за стол, недалеко от Веры, и с ласковой улыбкой выжидательно глядел на нее. Она вспыхнула.

— Вы засмеетесь, когда я вам скажу.

— А вы скажите!

— Ну... — девушка замялась, — вот у нас гроза бушует, мы в защите и покое, а там бедные женщины и дети жмутся друг к другу в непокрытых избах!... — Она густо покраснела. — Вот вы и смеетесь!

Весенин действительно улыбался, но на ее упрек покачал головою.

— Я улыбаюсь, глядя на вас и радуясь. Когда я приехал к Сергею Степановичу, вы ходили еще в коротком платьице, при вас была мадемуазель и вы числились в шестом классе, — а теперь... красавица барышня!

— Не зовите меня барышней! Что за противное слово.

— Другим словом не выразишь. Ну, девушка! А что до непокрытых изб, Вера Сергеевна, то я не смеюсь! Нет. И мне дороги эти ваши мысли. Только теперь уже это прошло и скоро совсем кончится. Избы мы им покрыли, да и всего восемь дворов было раскрыто, хлеб они уже засеяли, а пока берут от нас задатки и кормятся.

— А тиф есть?

Весенин слегка поднял плечи.

— Это есть, хотя и не так сильно, как в других уездах.

— Мне можно будет помогать им?

— Тифозным? Нет. Там и доктор, и фельдшер, и сестра, но если вы хотите работы в деревне — у нас всегда ее достаточно.

— И вы мне поможете? — глаза Веры заблестели. Весенин радушно засмеялся и кивнул головою.

— А пока вы мне за это стакан чая. Вот и папаша идет!

— По рюмке водки сперва! — сказал Сергей Степанович, входя и садясь к столу.

— Можно!

Весенин налил водку, и они выпили.

— Так вы завтра же к Долинину, — заговорил Можаев, беря

18

с блюда кусок рыбы, — и уж постарайтесь к его приезду все оборудовать.

— Да уж устроим!

— То-то! А там и за работу! — Он с оживлением заговорил о будущей фабрике. Весенин поддерживал беседу, отвечая на всё его вопросы четко, быстро, но со своею неизменной усмешкою, которая скользила по его губам.

Вера налила чай и не столько слушала, сколько смотрела на собеседников. Она глубоко уважала обоих, считая их самыми умными и самыми честными из всех окружающих людей.

Весенин давал ей первые книги, отец выучил ее уважать человеческое достоинство, невзирая на сословные предрассудки. В их ясных, практических умах было столько поэзии, и широта их взглядов была так очевидна, что Вера издавна всех литературных героев соизмеряла с ними.

Она совершенно углубилась в свое созерцание, так же как отец с Весениным — в разговор, когда вдруг до ее плеча дотронулась рука ее мачехи. Она вздрогнула от неожиданности и, быстро встав с места, пересела на другой стул.

Елизавета Борисовна опустилась на хозяйское место, и, казалось, ничто не изменилось за этим столом. По крайней мере, когда Весенин попросил еще стакан чая, он ничуть не изумился, увидев вместо Веры ее мачеху...

# V

Ясный жаркий день сменил грозовую ночь.

Было двенадцать часов, и город казался вымершим. Служащие люди сидели в кабинетах, в конторах, в присутствиях, прочий люд прятался от жары.

Сразу нельзя было разобрать, к какой категории населения принадлежал Антон Иванович Грузов. Внешность его была довольно забавна: когда он сидел, он казался человеком небольшого роста, но стоило ему встать, как поражал ростом чуть не великана, так длинны были его ноги в клетчатых брюках. Лицо его было бы обыкновенно, если бы не огромный красный нос и не вытаращенные глаза, глядевшие с некоторою назойливостью.

Он сидел за столом, заваленным бумагами, в комнате,

перегороженной перилами на две половины, и внимательно рассматривал в зеркало ту часть лица под носом, на которой обыкновенно у мужчин в зрелом возрасте всегда есть какая-нибудь растительность; но у Антона Ивановича ее не замечалось вовсе; на подбородке же росли длинные негустые волосы, что при его торчащих ушах и непослушных вихрах на голове придавало ему вид обезьяны капуцина.

— Косяков говорит, брей! Что же, я буду кожу бритвой снимать, что ли? — пробормотал он и отшвырнул зеркало, глубоко вздохнув.

Судя по всему, Антон Иванович бездельничал, но если принять во внимание, что сидел он в конторе нотариуса Долинина, у которого состоял письмоводителем, то, очевидно, он был занят, так как находился на службе.

В это же самое время Долинин с братом сидели в столовой и завтракали.

Николай говорил брату:

— Я начинаю оживать. Сегодня утром я чувствовал необыкновенный подъем духа. У меня начинают складываться идеи. Еще немного — и я сяду за роман. Давно уже я не писал, — вздохнул он.

— А стихи? — сказал Яков.

— Ну, это я не считаю! Все равно как фельетоны для "Листка". Разве это писание? Мели, Емеля! В стихах тонкие нюансы любви, в фельетонах — вздор. Роман — только роман!

— Ну, и давай тебе Бог, — с ласковой улыбкой сказал Яков.

— Почта и два с посыльными, — горничная положила перед Яковом пачку писем, который внимательно прочел адреса.

— Тебе, тебе, тебе, тебе! — сказал он и, отбросив Николаю четыре конверта, углубился в чтение писем. Николай жадно схватил конверты и вдруг замер. Ровный английский почерк женской руки показался ему знакомым. Он осмотрел конверт. Письмо без марки. "От Ани!" — чуть не сказал он вслух, и сердце его забилось радостью. Он быстро разорвал конверт, но едва пробежал первые пять строчек, как вскочил и с яростью ударил кулаком по столу.

Яков Петрович поднял с изумлением глаза.

— Что с тобою? — спросил он.

— Что? Они почему-то решили меня выгнать отсюда. Читай! — и, бросив брату письмо, он большими шагами стал ходить по комнате.

— "Милостивый государь, — прочел Яков, — Николай Петрович! В силу сложившихся обстоятельств муж мой и я

20

принуждены прервать с вами знакомство. Лично же я прошу вас не искать со мною встречи. Уважающая вас А. Дерунова".

Лицо Якова Петровича вспыхнуло, словно это он получил оскорбительный отказ от дома, но через мгновение прояснилось, и он сказал как бы в раздумье:

— Это все-таки хорошо.

Николай остановился на середине комнаты.

— Что ты видишь в этом хорошего? Я оскорбил ее, их своим присутствием? Я сделал хоть один намек, позволил хоть один взгляд? Я ходил к ней и мучил себя, но без этой муки я не могу жить. Да, не могу! — он топнул ногою и повторил: — Чего же тут хорошего?

— То, — серьезно ответил брат, — что ваши опасные отношения прекращаются сразу. Ты знаешь...

— Ха-ха-ха, — прервал его Николай грубым смехом, — опасные отношения! Ах вы, ханжи! Провинциальные кроты! Опасные почему? По-настоящему она должна его бросить и идти за мною. Да, бросить! У вас тут все опасно, кроме тайного разврата. Лицемеры!

Яков Петрович строго посмотрел на брата.

— Брось фельетонный язык, — сказал он, — да, у нас много и разврата, и лицемерия, но тем дороже для нас чистая репутация, и, пошатнись она, ты не знаешь, с какою яростью набросятся те же лицемеры и развратники терзать ее. А ты готовил Анне Ивановне эту участь. Уже начали ходить сплетни про вас, скверные сплетни... Эх, Коля, перетерпи свою муку. Верь, и ей не легко! — ласково окончил Яков.

Николай тряхнул волосами, как конь гривою.

— Не могу! Ты видишь, как это письмо грубо. Она сама не могла написать его. Ее заставили. Пусть она сама мне это скажет, и я уйду!

— Николай, что ты хочешь?! — воскликнул Яков.

— Идти к ней!

— Но ведь об этом все узнают! Если ее заставили, то только он, и он ее замучает.

— Не убьет же, — нервно ответил Николай и, схватив шляпу, что лежала на подоконнике, быстро вышел. Яков с возмущением посмотрел ему вслед и подумал, отчего этот человек ни разу во всю жизнь не ставил преград своим желаниям, даже прихотям? И тут же обвинил себя...

Николай стремительно пересек контору, почти не заметив Грузова, который радостно его приветствовал, и пошел по узкой аллейке между двумя рядами кустов крыжовника к выходной калитке. Почти у самого входа он встретил одного господина, по фамилии Анохов.

Не будь он так взволнован, он заметил бы смущение Анохова, но теперь только мысль о свидании с Анной занимала его ум.

Анохов сделал попытку скрыться, потом с фамильярной развязностью воскликнул:

— А, Николай Петрович, куда стремитесь?

— Здравствуйте! По делу! — не замедляя шагу, ответил Николай.

Он не шел, а бежал, пока не увидел собора, а за ним кривую Покровской улицы. Здесь он вдруг приостановился. Что он будет говорить с нею? Как? Если действительно это ее письмо, ее желанье, тогда что? Он ни разу не коснулся прошлого, и, как знать, может, он ей противен?

Краска залила его лицо, но вдруг он увидел каменный домик с зеленою крышей, и самообладание покинуло его. В несколько шагов он очутился у крыльца и позвонил. Иван отворил ему дверь и, взглянув на него, сурово усмехнулся.

— Барыня дома? — спросил Николай.

— Дома-с! На веранде! — ответил Иван. "Очевидно, прислуге ничего неизвестно", — подумал Николай, но если бы он обернулся и увидел недоброе лицо Ивана, смотрящего ему вслед, он бы изменил свое мнение. Он быстро прошел пустой холодный зал, столовую и остановился в гостиной, замирая от волнения.

Через раскрытое окно он увидел ее, буквально в пяти шагах от него сидящей на дачном кресле. С книгой на коленях она устремила вдаль мечтательный взор. Нежный профиль ее лица казался нарисованным, золотые волосы короной венчали ее голову; светлое платье плотно облегало ее фигуру подростка, и если бы ее сейчас увидел художник, он нарисовал бы картину под заглавием "Мечта". Кругом было тихо, из глубины сада доносился голосок Лизы.

Николай стоял как прикованный к месту. Нет, не "Мечтой" художник назвал бы картину, а "Грустью". Действительно, пристально всматриваясь в лицо молодой женщины, Николай заметил горькую складку подле губ; увидел, как дрогнули ее ресницы и слеза тихо скатилась по щеке.

Он порывисто толкнул дверь на веранду.

Анна Ивановна выпрямилась в кресле; глаза ее устремились на него со страхом. Лицо побледнело, но через мгновение его залил румянец.

— Вы?! — произнесла она растерянно.

22

Николай, взволнованный, подошел к ней; лицо его пылало, голос дрожал; он судорожно мял в руках шляпу.

— Я! — ответил он. — Я сейчас получил от вас письмо и хочу знать, по своей воле вы написали его или нет?

Она не произнесла ни звука. Он подошел ближе и продолжал торопливо, сбивчиво свою речь:

— И все равно, если даже сами! Я пришел проститься, потому что не могу же я так уехать и не повидать вас! Не сказать ни слова. Нет, если так... я хочу все сказать, что еще не вылилось у меня с пера. Вы ведь читали меня? Вы знаете, вы одна знаете, чем болит моя душа... и вот...

Анна Ивановна встала и взялась рукою за свою грудь.

— Остановитесь! — сказала она умоляюще. — Я не должна, я не смею слушать. Бога ради!...

В голосе ее послышались слезы. Сердце Николая защемило. Ах, он бы хотел теперь упасть к ее ногам и плакать!

Она оправилась, но голос ее дрожал, когда она заговорила.

— Вы были так добры, когда мы снова с вами встретились, что я успокоилась. Я боялась встречи с вами, но потом оценила вашу деликатность, и мне дорого было ваше общество. Мне казалось, вы понимаете меня и помогаете мне нести мой крест, и мне было легко с вами. Но... люди злы... нашлись, которые вспомнили старое, и мы должны расстаться... Не мучайте же меня! Помогите мне до конца исполнить мой долг!

Кровь кинулась в голову Николая. Он резко топнул и заговорил с горечью:

— Долг! Глупое слово, жупел, придуманный для трусливых людей! Почему это долг? А то, что диктует сердце, — чуть не подлость? Почему вы, я должны страдать, а какой-нибудь желчный пузырь, моща Кащея, наслаждаться? Вы — подчиняться, он — властвовать? Он?! Которого надо по-настоящему раздавить, как гадину!

Она протянула, словно защищаясь, руку, он же порывисто продолжал:

— Долг! Почему это долг? Кто предписал эти законы? Их выдумали господа для рабов, чтобы те легче переносили свист бича. Но все равно! Я хоть скажу теперь вам все, чем болит мое сердце...

— Николай! — произнесла она умоляюще.

Лицо его вдруг осветилось. Он приблизился к ней.

— Николай! — повторил он. — Как говорила ты это раньше... Я мог отвечать тогда: Аня! Ах, для чего прошло это время! Но я люблю тебя; через всю жизнь одну тебя. Никого, кроме тебя! Увлечения туманили мою голову, я падал, но едва

23

вспоминал тебя, поднимался, и силы росли во мне. Нет, мой гений, мое счастье, скажи, ты думала обо мне? — он уже взял ее руки, отнял их от ее лица и всматривался в ее синие, полные слез глаза.

Она замерла и слушала его как в полусне, и по лицу ее струились неудержимые слезы.

— Зачем ты плачешь? — шептал Николай, приближая к ней свое лицо. — Скажи мне, ты не забыла меня? Любишь? Как могла ты выйти за него?

Они соприкоснулись лицами.

— Милый, всегда, всегда...

Он порывисто обнял ее, но в эту минуту раздался крик девочки.

— Мамочка! Милая!

Николай отпрянул. Анна Ивановна вдруг словно опомнилась и гневно взглянула на него, словно обвиняя его в своей слабости.

— Мамочка! — кричала Лиза. — Там жук! Большой! Поди сюда! — она вбежала на веранду и, увидев Николая, на миг смутилась. Анна Ивановна нагнулась и страстно обняла девочку. Потом, выпрямившись, она взяла ее за ручку и сказала:

— Ну, где жук? Пойдем! Покажи мне его!

Сходя с веранды, она обернулась к Николаю.

— Прощайте! — сказала она ему сухо. Николай стоял как пораженный громом.

Вон она, вся облитая светом, движется по дорожке сада, а подле нее вприпрыжку бежит ее дочь. Вот она скрылась за поворотом и ни разу, ни разу не обернулась.

После всего, что было только минуту назад, и - "прощайте!".

Он вдруг засмеялся и бросился прочь из дома.

Лицо Ивана озарилось мрачной усмешкой, когда он увидел бегущего через комнаты Николая. Он предупредительно распахнул дверь и проводил Николая взглядом, который шел по самому солнцепеку со шляпою в руке, неистово махая руками.

— Вы это откуда? — окликнул его хриплый голос. Николай остановился и увидел Дерунова.

— Вам что за дело? — резко ответил он, еле сдерживаясь. — И как вы смеете заговаривать со мной, вы, который...

Дерунов невольно отшатнулся от него.

— О, о, о, — смог только произнести он и поспешно отошел от Николая. Тот в безумии потряс ему вслед кулаком.

Иван не успел еще затворить дверей и впустил своего барина. Дерунов, торопясь, сбросил с себя пальто, шляпу и прошел в комнаты, а оттуда в сад. Встреча с Николаем не испортила его хорошего настроения.

Он застал в саду жену и дочь, рассматривающих жука, и весело поздоровался с ними.

— Кто был? — спросил он.

Анна Ивановна опустила голову.

— Николай Петрович!

— А! — Дерунов засмеялся скрипучим смехом. — За словесным подтверждением? Ну и отлично, отлично! — Немного помолчав, он добавил: — Завтра едешь и я тоже. Ты покуда в сад, а потом собирайся!

Он повернулся и прошел прямо в кабинет, где присел к письменному столу.

Через несколько мгновений он вызвал лакея и протянул ему конверт.

— Отнесешь Елизавете Борисовне Можаевой. Лично в руки! Понял?

Дерунов закурил сигару и прилег на диван. Мечты создавали ему сладострастные образы...

Николай шел не разбирая дороги, весь отдавшийся вихрю беспорядочных мыслей. То ему казалось необходимым немедленно уехать, то снова увидеться с Анной, объясниться с ней и убедить ее бежать; мысль, что она его любит, вдруг заставляла его счастливо улыбаться, а затем лицо его искажалось злобою, и он сжимал кулаки, вспоминая встречу с Деруновым.

— Куда летишь? — остановил его вдруг на дороге Силин, брат Анны Ивановны, товарищ Николая по гимназии. Он был в чесучовом костюме и широкой соломенной шляпе.

Николай на мгновенье очнулся.

— А, это ты! — сказал он рассеянно. — Здравствуй!

— Да что с тобою? — удивился Силин. — Словно не в своем уме. Ты послушай, что я скажу тебе. Катю Морозову знаешь?

— Пусти! — рванулся от него Николай.

— Вот чудак! — сказал Силин. — Ну, беги. Зайди вечером к сестре. Она уезжает, — крикнул он вслед.

Николай быстро повернул назад и в свою очередь взял Силина за рукав.

— Куда? — спросил он.

— В сад! — беспечно ответил Силин. — Ирод ее приказал ей завтра же ехать. Немедля! Мне велел прийти проводить ее.

Самому, вишь, некогда. В Петербург едет! А знаем мы, что это за поездка!

Николая словно закружил вихрь.

— Что знаешь?

Силин засмеялся.

— Захарова, бухгалтера, знаешь? — спросил он.

Николай кивнул.

— Ну, так с его женой едет. Вертлявая бабенка, ну, а он любит...

— Мерзавец! — крикнул Николай. — Я бы убил его! — И, оставив в недоумении Силина, он быстро пошел к реке. Но на пути ему попался Захаров. Терзаемый ревнивыми подозрениями, он раньше срока возвратился со службы.

Оба взволнованные, они рассеянно поздоровались друг с другом.

— Гулять идете? — спросил Захаров.

— Гулять!

— А я жену провожать. По Волге прокатиться хочет.

— Завтра едет? — спросил Николай и зло усмехнулся.

Захаров побледнел.

— Завтра? — растерянно сказал он. — Я и сам не знал. Вы откуда это?

— Дерунов завтра едет! — грубо сказал Николай и пошел своей дорогой.

Захаров схватился за голову, потом топнул ногою и быстро побежал к дому. В дверях он столкнулся с рассыльным.

— Тебе чего? — спросил его Захаров.

— Письмо вот; госпоже Захаровой из банка.

Захаров жадно схватил письмо.

— Я передам!

Рассыльный замялся.

— Мне наказывали...

— Молчи! — остановил его Захаров и стал рыться в кармане. — Вот тебе, скажи, что ей передал. Иди! — он сунул в руку рассыльному ассигнацию и быстро рванул звонок. Рассыльный с удивлением посмотрел на деньги, на барина и быстро повернулся назад, зажимая деньги в руке, словно боясь, что его вернут.

Луша отворила дверь и впустила барина.

— Кто? — крикнула из комнаты Екатерина Егоровна и поспешила скрыть охватившее ее разочарование при виде мужа.

— Ах, это ты! — сказала она. — Отчего так рано? Обедать

26

сейчас или подождешь? А я спала все время! Вот жара сегодня; ночью, верно, опять гроза будет!...

Она болтала, чтобы скрыть свою досаду, и, наконец, совершенно сбитая с толку его молчанием, спросила:

— Ты какой-то расстроенный? Нездоров?

— Нет, здоров совершенно! С обедом подожди! — ответил он жене, не смотря на нее, прошел в кабинет и запер дверь.

Предчувствие беды охватило Екатерину Егоровну. Она прижалась, глазом к замочной скважине, но ключ мешал ей видеть комнату.

Захаров бросил письмо на стол и несколько раз прошелся по кабинету. В письме — конец его мучениям и, может быть, смерть. Он остановился. Наверное, смерть!

Что иначе значил намек Долинина?

Он решительно подошел к столу, разорвал конверт и бегло пробежал глазами. Подпись: "Целую тебя".

Он перечитал письмо снова: "Радуюсь, что твой дурак согласился. Вечером приходи к своей матери; я передам тебе билет. Там же объясню маршрут. Целую тебя"., Захаров тяжело опустился на стул. Разве после этого могут быть сомнения? Смерть! Смерть!

В дверь постучали.

— Обед подан! — раздался голос жены.

Его затрясло. Если он взглянет в лживые глаза этой распутницы, он убьет ее.

— Я не буду обедать, — ответил он глухо и, перейдя к дивану, лег на него. На миг он потерял сознание.

Вспомнилась ему его беззаветная любовь к ней, и стало жалко этой поруганной любви. Именно поруганной. Полюби она другого — было бы легче. Здесь же не может быть и речи о любви. Он стар и безобразен, но богат. Она продалась, продалась, как распутная... Он застонал, схватившись руками за голову.

— Сеня! — послышался тревожный голос за дверью.

— Уйди! — почти простонал он, похолодев от ужаса при мысли, что он должен ее увидеть, что это неминуемо.

— Только не теперь, не теперь, — пробормотал он как безумный, и вдруг нелепая мысль мелькнула в его голове. Он надел шляпу, для чего-то сунул в карман револьвер, лежавший в столе, и осторожно вылез из окна. Крадучись, как вор, он обошел палисадник и почти бегом пустился к берегу Волги.

— Что с нашим барином? — с тревогой говорила Екатерина Егоровна, смутно чувствуя беду. Луша сокрушенно покачала головою.

27

— Надо полагать, заприметил что, — сказала она шепотом.

Екатерина Егоровна вздрогнула.

— Но ведь мы вчера помирились?

— А сегодня накатило, — объяснила Луша, — или, может, опять что подозрительное подвернулось!

Екатерина Егоровна беспокойно стала ходить по комнате. Тишина в доме пугала ее.

"Господи, хоть бы он крик поднял!" — думала она, с тоскою и страхом взглядывая на запертую дверь кабинета...

Наконец она не выдержала этого напряженного состояния, бросилась в спальню и через минуту вышла оттуда с накидкой на плечах и в шляпе.

— Луша, — сказала она, — я не могу больше мучиться. Если он спросит про меня, скажи, что я ушла к матери!

Луша вздохнула и сочувственно кивнула головою.

# VI

Гром среди ясного неба не поразил бы так Елизавету Борисовну, как поразила нежданная записка от Дерунова.

Сухим официальным тоном он извещал ее, что в среду вечером, то есть сегодня, он занесет векселя Долинину для протеста на завтра, потому что дела заставляют его немедленно, рано утром в четверг, выехать в Петербург.

Елизавета Борисовна собиралась сделать прощальные визиты и теперь сидела одетая, с отчаянием на лице, держа на коленях злополучное письмо.

Из гостиной послышались тяжелые шаги; Елизавета Борисовна едва успела спрятать письмо, как в комнату вошел Можаев.

— Что с тобой? — спросил он с тревогою. — Ты такая бледная.

Она сделала попытку улыбнуться.

— Сейчас пройдет. Вдруг закружилась голова. Это, верно, еще вчерашнее.

— Ты бы прилегла, — участливо сказал Можаев, но она порывисто встала.

— Нет, нет! Я выйду и освежусь!

— На дворе жара.

— Я рассеюсь на людях... — и она пошла к выходу. Можаев

28

остановил ее в дверях, обнял и нежно поцеловал ее холодный лоб.

Она поморщилась и, отодвинувшись от него, вышла из комнаты. Он с улыбкою посмотрел ей вслед.

Она торопилась, словно за нею гнались. "Пусть думают, что хотят", — решила она про себя и твердо направилась в канцелярию губернатора.

— Иван Герасимович Анохов здесь? — спросила она швейцара.

— Так точно!

— Вызовите его на минуту.

В грязной комнате приемной с грязной ясеневой мебелью за большим столом сидел чумазый юноша и яростно водил пером по бумаге; на скамьях вдоль стен сидели несколько человек. Толстый, краснолицый купец икал, приговаривая: "О Господи Иисусе!" Старая женщина свистящим шепотом передавала что-то своему соседу, юркому господину в изношенном пиджаке, и тот сочувственно кивал ей лысой головою.

Елизавета Борисовна нетерпеливо ходила взад и вперед по комнате, и, когда в дверях показался Анохов, она порывисто подошла к нему. Все присутствующие встали и тоже двинулись к нему гурьбою, но он замахал на них руками.

— Потом, потом, — сказал он и обратился к Можаевой с тревожным шепотом: — Ты зачем? Принесла деньги?

— Вот! — она взволнованно подала ему письмо.

Они отошли к окну, в глубь комнаты. Анохов внимательно прочел письмо, и лицо его побледнело, но через мгновение он пришел в себя.

— Будь покойна, — сказал он решительно. — Я был в конторе Долинина и видел письмоводителя. Он задержит векселя во всяком случае. Только одно: приготовь деньги. Я сегодня же вечером повидаю его — и... завтра утром... Да, да! — он с беспокойством огляделся. — А теперь иди! Здесь неудобно. Что подумают.

Его слова успокоили ее, она улыбнулась. Он, положив письмо в карман, чинно подал ей руку и обратился к остальным посетителям.

Яков Петрович Долинин сидел напротив своего письмоводителя за столом, заваленным бумагами, но делать ничего не мог. Беспокойство за исчезнувшего Николая охватывало его все сильнее. Он знал его порывистый характер, понимал всю драму его души и в то же время холодел при мысли о встрече Николая с Деруновым.

Звякнул парадный колокольчик. Яков Петрович поспешно встал, думая встретить брата, но вместо него в комнату поспешно вошел Весенин и крепко пожал ему руку.

— Яков Петрович, я к вам!

Долинин дружески улыбнулся ему. Он любил этого подвижного человека, у которого деловитая серьезность сочеталась с веселым открытым характером студента.

— Что могу, все сделаю.

— Да вот, — заговорил Весенин, — Сухотин продает нам свое имение. Прокутился, — пошутил он, — только вся суть в том, чтобы до завтра обработать. Он приедет, подпишет, получит деньги — и в Париж! — И Весенин подал связку бумаг. — Главное опись, — продолжал он, пока Долинин перебирал бумаги, — видите, какая огромная, а? А ее до завтра! Мы не постоим за расходами, только кто бы взялся?

Антон Иванович, присутствующий во все время разговора, вдруг вытянулся во весь свой рост и осторожно, журавлиным шагом, подошел к Долинину, засматривая ему через плечо.

— Много, ой-ой много! — тихо приговаривал он, по мере того как Долинин поворачивал листы мелко исписанной бумаги.

— В том-то и дело, — щелкнув пальцами, сказал досадливо Весенин.

Долинин с улыбкою обратился к письмоводителю:

— А небось, — сказал он, — если вас попросить, то вы к вечеру все перепишете?

Грузов погладил рукою воображаемые усы и слегка поклонился, не скрывая торжествующей улыбки.

— Так за чем же дело стало?! — воскликнул Весенин. — Антон Иванович, возьмите, пожалуйста. Сколько это будет стоить?

Грузов улыбнулся еще веселее.

— Если... две краснень...

— Да сделайте одолжение! — и Весенин живо опустил руку в боковой карман, но Грузов жестом остановил его.

— Я, Федор Матвеевич, отлично понимаю вашу душу и знаю, что вы заплатите. До окончания же работы денег брать не желаю!

— Как хотите!

— Ну, вот и улажено, — сказал Долинин и, увидев — в дверях прислугу, прибавил: — А теперь не хотите ли со мной пообедать?

— Какое! — Весенин махнул рукою. — Мне еще в двадцать

30

мест! Ведь завтра все едут в деревню. А вот вечерок я у вас отниму.

— Милости просим!

— Пока всего хорошего! — и Весенин исчез так же быстро, как появился. Долинин посмотрел из окна, как тот легко сел на велосипед и покатился по аллее.

— Ловкая штука! — заметил Грузов. Долинин отошел от окна.

— А вы, Антон Иванович, пообедаете — и за работу! Ну, идемте!

Они прошли в столовую.

За обедом горничная подала Долинину письмо.

Он посмотрел на конверт и поморщился, после чего вскрыл его и бегло прочел записку.

— Держу пари, что от Дерунова, — произнес Антон Иванович с таким видом, словно обнаружил глубочайшую проницательность.

— Да, — ответил Долинин, — просит позволения зайти вечером и оставить у меня какие-то векселя для протеста. Вы уж примите его за меня!

— А-а! Скажите на милость! — проговорил Грузов и поспешно стал глотать горячий суп.

Долинин ел также молча. Беспокойство снова овладело им. Два часа, как ушел брат, и его все нет. Дерунов, наверное, уже вернулся со службы из своего банка и вдруг встретился с ним там, дома!... При этой мысли Долинин даже откинулся к спинке стула. Горничная убирала тарелки, заменяя их чистыми, уносила кушанья, заменяя их, и Долинин ел все механически, ничего не замечая вокруг. Он и поднялся из-за стола только следом за Грузовым и, когда тот ушел к себе в контору, медленно поднялся по лесенке наверх, в свой кабинет. Это была уютная комната, с широкой софою, большим письменным столом, вся заставленная книжными шкафами. Из нее лесенка в шесть ступенек вела в крытую стеклянную вышку. Долинин занимался астрономией и подолгу просиживал на своей вышке, следя за течением звезд в телескоп или подзорную трубу.

Долинин лег на софу. Сон быстро сморил его, но мысли о брате занимали и сонный ум. Долинин вдруг увидел Николая. Он вошел к нему тихо, бледный, с окровавленными руками, и сказал: "Брат, я убил его. Я не мог осилить своей ненависти!"

Холодный пот облил Долинина. "Что ты сделал?" — воскликнул он в ужасе и вскочил.

31

— Вам сюда подать чай, барин? — спросила его горничная. Он еще не мог прийти в себя.

— Что? — спросил он, тревожно озираясь.

— Сюда, говорю, подать чай или сойдете? — повторила горничная.

— Брат не вернулся? — поинтересовался он, вспомнив сон.

— Нет еще. Как ушли, еще не вернулись!

— А! — Долинин вздохнул с облегчением. — Чай? — сказал он. — Чай снесите Грузову, а мне подадите потом, когда придет брат или Весенин. Сюда подадите!

И он опять остался один. Знойный день, как и накануне, сменился ненастной ночью. Опять гремел гром и лился дождь, все наполняя угрожающим шумом. Долинину стало жутко. Он зажег лампу. Влетел комар и с монотонным зудением стал биться о горячее стекло. Долинин раскрыл книгу, но не мог читать.

Заскрипели ступеньки. Он поспешно обернулся. Это был Весенин.

— Вот и я, — весело сказал он. — Ну и погодка! Ад на дворе. "Шел дождь, и перестал, и вновь пошел!..." Скажите, что у вас тут делал Анохов? Вы его не видели? Странно! Он все тут вертится. От вас ехал — его встретил, теперь опять. Что вы такой бледный?

Весенин, видимо, был оживлен.

— Я? — ответил Долинин, откладывая в сторону книгу и вставая, чтобы подать Весенину руку. — Удивительно! Я не нервный вообще, но сейчас меня встревожил сон.

— Что за сон?

Долинин покачал головою и серьезно сказал:

— Никому не расскажу его, но долго не забуду. Вы верите в пророческие сны? — хрипло спросил он.

— Верю ли? — Весенин сел и закурил папиросу. В это время служанка внесла чай. — Видите ли, с другим бы я на эту тему позубоскалил, но с вами это неловко. Вы человек серьезный, — он улыбнулся. — Лично я реалист и по складу ума, и по образованию, и толковать свои сны не стал бы, но в то же время не смею отрицать пророческие сны, а потому... просто избегаю думать об этих материях.

— Я сам не верю в пророчества, но бывают ужасные сны!

Долинин провел рукою по лицу, будто смахивая кошмар.

— Вы поэт и достаточно взволнованны, — участливо сказал Весенин, — бросим эту тему и заговорим о живом деле. Я хотел бы до времени скрыть эту покупку... Главным образом от Дерунова.

Долинин с удивлением посмотрел на него.

— Видите ли... мы его подводим, и он ужасно обозлится. Сухотин ведь у него запутался, и он думает за гроши получить это имение, и вдруг — нос! От этого мы так и торопимся. Вот обозлится-то!

Весенин рассмеялся.

— Это очень злой и мстительный человек, — предостерег Долинин, — он заплатит если не Можаеву, то вам.

— Ге! Что он мне сделает? — Весенин беспечно махнул рукою и потом, немного помолчав, заметил: — Не выношу этого господина, и в то же время жена его мне невыразимо нравится. Глубокая, сосредоточенная натура; вероятно, мечтательница и, несомненно, чиста до святости. Скажите, как такой негодяй мог жениться на такой девушке? Вернее, наоборот: как она могла выйти за него?

Долинин отвернулся, чтобы скрыть невольное свое волнение; затем, окутав себя дымом папиросы, ответил:

— Банальная история: бедность и лишения, больная мать, брат-шалопай, их усиленные просьбы — и к этому случайное легкомыслие человека, любимого ею...

— В экзальтированной головке, — продолжил Весенин, — сложилась мысль о разбитой жизни и явилось желание принести себя в жертву. Как по книжке! — окончил он и потом задумчиво прибавил: — Да, есть такие женщины, которые не успокоятся, пока не принесут себя в жертву! Есть дети?

— Дочь!

— Ну, хоть это ей утешение. Знаете, почему я ею заинтересовался?

Долинин покачал головою.

— Вера Сергеевна очень дружна с нею, и при этом тайно! — Весенин выпустил струю дыма. — Меня заинтересовала эта дружба, и я стал следить за madame Деруновой. И что же? Те же черты. Только Веру Сергеевну не ломала жизнь, она еще не любила и Бог уберег ее от разочарования, она и смелее, и экзальтированнее. Та же вся ушла в себя...

Долинин ничего не ответил. Весенин вдруг оборвал речь и замолк.

Заскрипела лестница. Долинин с тревогою взглянул на дверь и опять был разочарован. Нагнув голову, словно боясь ушибиться о притолоку, в комнату вошел Грузов с кипою бумаги.

Весенин быстро встал.

— Неужели окончили? — вскричал он.

— Все-с! Осталось считать, — улыбаясь, ответил Грузов.

33

— Вот спасибо-то! Кладите сюда, — указал он на софу, — получайте деньги! Ай да Антон Иванович!

— А как же со считкою? — спросил он, пряча деньги.

— Идите домой, — ответил Долинин, — мы с Федором Матвеевичем считаем вдвоем. Я хочу дождаться брата.

— Они только что вернулись, — сказал Грузов.

Долинин вскочил.

— Когда? Что же он не вошел сюда?

— Сейчас только; промокли все, испачканы. Переодеться, говорят, надо!

Долинин быстро стал спускаться вниз.

Грузов кивнул ему вслед головою и сказал Весенину:

— Как мать родная любит. Не надышится!

— И тот его?

— Тот? Нет. Словно так и быть должно. Одно время денег в Петербург переслал — страсть!

— Почему же он так любит его? — спросил Весе-нин.

— Старший брат, — пояснил таинственно Грузов, — остались сиротами, и он ему вроде как за родителей был. Воспитал, обучил. Не женился из-за него.

Весенин покачал головою.

— Значит, есть такие и мужчины, — сказал он вполголоса.

— Чего-с? — не расслышал Грузов.

— Нет, я сам с собою!

Долинин прошел через темную столовую, гостиную, миновал коридор и остановился подле открытой двери в темную комнату.

— Николай, ты вернулся? — спросил он тревожно.

— Вернулся! — ответил из темноты голос Николая.

— Что ты делаешь в темноте?

— Переодеваюсь. Вымок, выпачкался, ободрался...

— Где ты был?

— На реке, на горах. Везде!

— Придешь?

— Сейчас. Нет, пожалуйста, огня не надо! Не зажигай!

Долинину послышалось в голосе Николая тревожное опасение, что он увидит его лицо.

— Ну, ну! Так придешь?

— Сейчас! — уже нетерпеливо ответил Николай.

— Я велю разогреть самовар и подать поесть!

— Вы идите, — сказал он Грузову, вернувшись наверх, — мы здесь сами прочтем и сверим!

Грузов откланялся и, нагнувшись, осторожно стал спускаться с лестницы. Долинин повеселел.

— Ну-ка, не хотите ли! — сказал он, беря бумаги. — Вот вам оригинал, а я возьму копию. Читайте, а я следить буду! Вы сюда, ближе. Вот так! Начинайте! А тем временем нам соберут ужин!

Он сел за стол и взял в руки перо. Весенин примостился сбоку и начал чтение:

- "Инвентарь имущества в усадьбах и прочих помещениях имения дворянина Я. П. Сухотина..."

— Так! — сказал Долинин.

— "Главная усадьба. Мебель".

В это время в комнату неслышно вошел Николай и молча пожал руку Весенину.

Долинин поднял голову и улыбнулся брату.

— "Зеркалов 18, — читал Весенин, — из них трюмо 3, простеночных высоких 7, туалетных 2 и в ясеневых рамах для прихожей и малых спален — 5".

Николай осторожно прошел на вышку, и, пока Весенин читал, Долинин все время слышал его беспокойные шаги у себя над головою.

Прислуга пригласила их ужинать. Они дочитали последнюю страницу и встали.

— Ну, завтра и к подписи, — весело сказал Весенин, — уж не знаю, как и благодарить вас, Яков Петрович!

— Пустяки! — отговорился тот. — Николай, ужинать!

— Не пойду! — ответил сверху Николай. Долинин смутился. Веселость сразу оставила его, и на лице отразилась тревога.

— Тогда до свиданья! — крикнул ему Весенин. — Я выпью рюмку — и домой!

— Всего хорошего! Я ваш велосипед в переднюю внес.

— Спасибо, жму вашу руку!

Долинин, надеясь, что Николай сойдет проститься с Весениным, не дождался, грустно вздохнул и повел своего гостя вниз.

Весенин торопился. Почти на ходу он выпил рюмку водки, закусил сардинкой и стал прощаться.

— Поди, часа два! — сказал он.

Долинин не задерживал его. Ему хотелось скорее остаться вдвоем с братом.

Весенин зажег у велосипеда фонарь. Долинин раскрыл дверь, придерживая ее, пока тот вывел велосипед.

— У вас аллейка-то гладкая? — спросил Весенин.

— Гладкая!

— Ну так до завтра.

— Всего хорошего!

Долинин запер дверь, но не успел дойти и до середины конторы, как резкий звонок заставил его вмиг очутиться снова у двери и быстро распахнуть ее. Перед ним стоял встревоженный Весенин.

— Яков Петрович! Здесь было убийство! — сказал он. — На дорожке труп!

— Дерунова? — глухо спросил Долинин и ухватился за косяк.

Весенин испуганно взглянул на него.

— Пойдемте, взглянем! — он быстро снял с велосипедного руля фонарь и повел Долинина. Намокшая земля скользила под ногами, кусты брызгали водою. Весенин прошел несколько шагов, остановился и дрожащей рукою навел на землю фонарь. Свет ударил ослепительно яркой струею и осветил искаженное лицо Дерунова. Он был без шляпы, с обнаженной головой; страшный удар в висок выбил ему глаз и залил кровью все его лицо; здоровый глаз, широко открытый, с ужасом смотрел перед собою.

Весенин отвел фонарь в сторону и торопливо сказал:

— Я сейчас на велосипеде съезжу в полицию, а вы пришлите дворника приглядеть тут! Я мигом!

Он через мокрые кусты обошел труп и выбрался за калитку.

— Поехал! — крикнул он.

Долинин словно очнулся от охватившего его оцепенения, застонал и, спотыкаясь, побежал в дом. Свеча, с которой он провожал Весенина, погасла. Он побежал впотьмах, не заперев двери, натыкаясь на мебель и поминутно хватаясь за голову.

Поднявшись к себе, он бессильно упал на софу, но, услышав над собою те же монотонные шаги Николая, быстро встал и крикнул:

— Николай!

Что-то ужасное было в его крике, потому что встревоженный Николай в один миг очутился подле него. Долинин взглянул на него безумным взглядом.

— Дерунова убили, — сказал он глухо, — у нас... в саду!

Николай пошатнулся и схватился рукою за край стола. Мысли его закрутились в бешеном хаосе, но, взглянув на брата, одна ужасная мысль заслонила собою все остальные.

Он выпрямился, в глазах его вспыхнула решимость.

— Брат! — звонко проговорил он. — Клянусь всем святым: это не я!

# VII

Вдова жандармского полковника Авдотья Павловна Колкунова, или, как она любила, чтобы ее называли, полковница, жила с "сердцем, полным разочарования", по ее словам, и 60 рублями пенсии. Она когда-то видала свет и потому, сохраняя его традиции, держала себя то величественно, как королева Виктория, то игриво, как придворная дама Наполеона III, то мечтательно-томно; она когда-то считалась красавицей и потому старательно поддерживала это воспоминание всевозможными искусственными средствами, но провинциальная косметика не могла равняться со столичной, и румяные щеки полковницы походили скорее на пораженные экземой, а нежная белизна кожи приняла от времени и скверных белил синеватый оттенок, словно Авдотья Павловна брила себе и нос, и лоб, и все части лица, не тронутые местными румянами.

С тех пор как она выдала свою дочь замуж, жизнь ее обратилась в сплошное удовольствие. Она не отказывала себе ни в еде, ни в нарядах, ни в развлечениях и с чарующей грацией привлекала в свой дом молодых людей, которые были не прочь выпить и поесть у нее в гостиной, но бежали как очумелые при виде ее на улице.

С дочерью она была дружески-ласкова и товарищески-откровенна, и потому, когда Екатерина Егоровна прибежала к ней, расстроенная поведением мужа, она быстро успокоила ее.

Вечером сюда наведался Дерунов и передал ей билет, инструкции и деньги. Екатерина Егоровна, все еще смутно боясь мужа, осталась у матери ночевать и теперь, после крепкого и спокойного сна, свежая и радостная, сидела за кофеем. Против нее, в покойном кресле, небрежно развалясь и положив ногу на ногу, курила папиросу ее мамаша.

Чарующая красота ее юности не была еще восстановлена, и лицо имело буро-синеватый оттенок, словно не бритое дня три; тонкий нос ее шелушился, под глазами синели круги и длинные тонкие губы были почти черны, прикрывая ослепительно белые зубы петербургской работы. Она была одета в розовый пеньюар, обнажавший когда-то дивные ее руки почти до плеч, — и в этом виде походила более на костлявую смерть, вздумавшую кокетливо принарядиться и закурить папиросу, чем на вдову жандармского полковника.

— Я только не знаю, — говорила Екатерина Егоровна,

продолжая разговор, — как мне собраться и сказать мужу об отъезде. Луша не пришла за мною; значит, он меня не спрашивал.

— Пренебреги! — ответила полковница, выпуская дым кверху. — В высшем свете, мой ангел, на мужей не обращают внимания. Они — нуль!

— Но, мама, если он узнал...

— Тем лучше! — и полковница лукаво прищурилась. — Ты уезжай и требуй отдельный вид. Семен Елизарович поддержит тебя. Ты останешься в Петербурге, я приеду к тебе, и мы устроим салон! Ах! — она приняла еще более пленительную позу и предалась мечтаниям. — Мы привлечем к себе всю золотую молодежь. Будем устраивать пикники, гулянья... Я, Катиш, выучу тебя всем тонкостям кокетства, и ты будешь очаровывать! Когда-то я слыла непобедимой; львы были у моих ног.

— Львы, мамаша?

— Ну да, светские львы, глупенькая! — снисходительно объяснила она и вздохнула: — Но твой отец был ревнив и перевелся в провинцию.

В это время в комнату вошла красивая, высокая девушка.

— Тебе что, Феня? — прервала свою речь Колкунова.

— Луша пришла к барыне...

— Луша! — встрепенулась Екатерина Егоровна. — Зови ее сюда! Мамаша, вы позволите?

— Позови ее сюда, Феня, — величественно сказала Колкунова.

Луша тотчас вошла в комнату. Она была бледна и взволнованна.

— Ну, что, Луша? Он зовет? Сердится? — спросила Екатерина Егоровна, нагибаясь через стол.

Луша покачала головою.

— Сидит запершись! — ответила. — Не слышно даже, а Семен Елизарович...

— Семен Елизарович? — удивилась Екатерина Егоровна. — Был?..

Луша опять качнула головою.

— Убиты-с, — тихо ответила она, — сегодня... все в городе говорят!...

Екатерина Егоровна вскочила с искаженным от ужаса лицом.

— Убит? — повторила она и, подняв руки кверху, закричала: — Он, он! О я несчастная! Он и меня убьет. Он грозился!...

Полковница выронила папиросу и всплеснула руками.

— Ах, ужас! Феня, Феня! — закричала она. — Поди, позови жильца нашего, скорее!...

— Алексей Димитриевич рано утром ушли, — сообщила Феня, — за ними сторож приходил. Экстра, говорит, убивство!...

— Вот! — воскликнула полковница. — Луша, ты права! Его убили! О люди! Нет нашего ангела! — Она тоже вскочила и грозно протянула руку: — Но тогда арестуйте убийцу!

— Он, он! — кричала Екатерина Егоровна, бегая по комнате. — Он грозился!

— Барыня! — заговорила Луша, вся дрожа. — Они все взаперти сидят, и не слышно их. Я боюсь идтить туда, потому они, верно, порешившись. Вот ей-Богу!

— Как? — полная нового ужаса, спросила Екатерина Егоровна.

— Не иначе как порешившись! Потому что ничего не слышно. Я даже убегла ночью, а теперь вернулась — и все тихо. Я — к вам!...

— Мамаша, что же мне делать? — простонала Екатерина Егоровна, опускаясь в кресло.

Мамаша развела руками.

— Теперь самое лучшее, — бойко заговорила Феня, — подождать, пока вернутся Алексей Димитриевич. Они законник, и все это им известно. Они и присоветуют!

— Да, да, Катиш! — оживилась полковница. — Это самое лучшее! Подождем его. Ты не уходи от меня... И ты, Луша. Там видно будет. Феня, пойдем! Помоги мне! Ох, как бьется мое слабое сердце!...

Она приложила руку к тощей груди и медленно поплелась из комнаты.

— А я, барыня, сбегаю за вещами и сейчас назад. Опять, квартиру запереть надо! — сказала Луша и, видя, что ее барыня сидит в оцепенении, тихо вышла из комнаты...

Весть о насильственной смерти Дерунова всюду производила ужасное впечатление.

Сергей Степанович Можаев один из первых узнал о ней от Весенина. Он широко перекрестился и сказал:

— Никто не знает своего смертного часа. Какая ужасная смерть! А мы вчера с вами костерили его! Что же, ограблен?

— Нет! — ответил бледный Весенин (он не спал всю ночь). — При нем и часы, и портмоне, и бумажник...

— Странно!... Злой человек был. Врагов много!

Разговаривая, они прошли в столовую.

За самоваром с бледным, усталым лицом сидела Елизавета Борисовна, подле нее Вера внимательно просматривала газету.

Сергей Степанович ласково поздоровался с ними.

— Новость еще не дошла до вас? — спросил он, садясь к столу.

— Какая? — живо спросила Вера. Елизавета Борисовна только повернула лицо в сторону мужа.

— Дерунова убили! Федор Матвеевич на труп наткнулся, в садике Долинина, у подъезда... Лиза! — вдруг закричал Можаев, вскакивая со стула. — Лиза!

Вера успела поддержать свою мачеху, иначе она бы упала. Мертвенная бледность покрыла ее лицо. Весенин с готовностью налил стакан воды. Можаев стал на колени, схватил руки жены и в испуге встряхивал их.

— Лиза, что с тобою? Очнись! — говорил он растерянно.

Вера смочила водой виски мачехи. Она очнулась. Капли пота выступили на ее лице.

— Простите, — улыбнулась она, — но это так неожиданно. Я не могу. Я выйду. Вера, помоги мне! Спасибо, Серж!

Муж нежно обнял ее и повел из столовой. Вернувшись, он сказал:

— Она последние дни что-то все на головные боли жалуется, бедная! Надо скорей в деревню, Федор Матвеевич! Веруша, наливай чаю. Что надо? — недовольно обратился он к вошедшему лакею.

— От Деруновых к барышне... — сказал тот нерешительно. Вера тотчас встала.

— Ко мне? Я сейчас, папа! Простите! — и она быстро вышла.

Можаев пожал плечами. Вера вернулась почти тотчас, бледная и взволнованная.

— Простите меня — я ухожу! — сказала она. — Вы уж сами хозяйничайте!

— Что еще? — спросил Можаев.

— С Анной Ивановной нехорошо. Истерика, потом обморок, лежит. Я возьму доктора и к ней! — торопливо ответила Вера, проходя в свою комнату.

— Вот она, смерть-то! — сказал Можаев Весенину. — Так и захватывает все вокруг. Словно камень, брошенный в воду. За кругом круг...

Анна Ивановна лежала без чувств, но едва приходила в себя, как начинала биться в истерике. Прислуга растерялась. Брат Анны Ивановны, Силин, метался как угорелый, и, когда пришла Вера с доктором, все вздохнули с облегчением.

Степан Иванович Силин был славный малый. Огромного роста, с огненно-рыжей бородою по пояс, на вид ему можно было дать лет сорок, хотя в действительности ему было 23 года; он обладал громким голосом и раскатистым смехом, грозной внешностью, под которой скрывалось добродушное существо; наконец, в минуты задумчивости он казался глубокомысленным, умным, когда в действительности был далеко не из тех, что выдумывают порох. Когда сестра его вышла замуж за Дерунова, тот устроил ему место у себя в банке на 50 рублей, и Силин с жаром отдался наслаждениям жизни. Но все же банковская служба не удовлетворяла его мелкого честолюбия, и он устроился репортером при местных газетах. Судьба создала его для этого рода занятий. Он на лету умел схватывать информацию, из самых необыкновенных источников черпал сведения, бывал во всех слоях местного общества и слыл первым сплетником, хотя сплетни его не носили никогда злого характера. И теперь, следуя своему призванию, он едва успел освободиться, как помчался в редакцию местного "Листка".

Он ворвался в контору, как ураган, сразу наполнив своей особой все помещение. Длинноносая девица с чахлой грудью и тусклыми глазами подпрыгнула от неожиданности за своею конторкой и только воскликнула:

— Ах, Степан Иванович!

Толсторожий парень, меланхолически складывающий на полку номера газеты, выронил из рук толстую пачку.

Силин промчался мимо них, распахнул крошечную дверку и закричал с порога:

— Сенсационная новость! Убийство! Триста строк и не иначе как по три копейки.

— Степан Иванович, родной! Идите, идите, рассказывайте! Ну? — воскликнул редактор, поднимаясь ему навстречу.

Матвей Михайлович Полозов, редактор и издатель местного "Листка", был брюнет маленького роста и довольно объемистый в обхвате. Все лицо его было так густо покрыто растительностью, что только очки указывали на присутствие глаз среди этого волосяного леса, и, уже следя за ними, можно было разглядеть красноватый нос, на который упиралось толстое седельце очков.

— Как бы не так, — ответил Силин, пожимая руку издателю, — прошлый раз я вам сдуру рассказал про Мартынову, что родила двойню, вы напечатали, а я с носом! Нет, сперва условимся! — Он уселся и закурил.

41

— Шутник вы, право! — смутился редактор. — Ну да что с вами поделать. Пишите!

— Триста и по три?

— Милушка, пусть за две строки пятачок. По две с половиною. Средства у меня, вы знаете...

— Ну, один черт! — Силин махнул рукою. — Вы-то уж слыхали?

Редактор встрепенулся.

— Про убийство? Да, да! Я к Долинину посылал, просил прийти. Спит.

— Не спит, а расстроен, — с ударением сказал Силин, — шутка ли, у них в доме! Через полчаса, как он вернулся. "Где вы были? Везде! Везде — значит нигде!" — Силин кинул папиросу и придавил ее каблуком, словно ставя точку.

— Милушка, да вы что же? — пролепетал редактор.

— Я? — пожал плечами Силин. — Ничего! Это первый допрос на месте. Всех спрашивали.

— Скажите!... А он фельетон мне должен, — задумчиво протянул редактор.

— Фельетон он напишет. Ему что! Да и я это так, — успокоил его Силин, — ну, я сяду!

— Душечка! — сказал редактор, влюбленно посмотрев на Силина и доверительно положив ему на колено руку. — Только уговор: сегодня в "Газету" не идите!...

Силин с возмущением тряхнул головою.

— Нет, нет, дайте слово! — продолжал редактор. — А то помните с затонувшей баржей? А? И вообще все теперь сведения об этом деле чтобы у меня. Хорошо? Я вам уж три копейки дам! — расщедрился он.

— Три? Идет!

— Ну, вот и хорошо! Так пишите, милушка! Я вас оставлю!

Силин пристроился к столу и, макая перо, сказал вслед уходящему Полозову:

— Пришлите пару пива!

Перо его бойко заскрипело по бумаге.

"Весь город сегодня в необычайном волнении. Пролилась кровь, совершено убийство. И на этот раз убит не жалкий босяк в пьяной драке, не загулявший бурлак, а всеми уважаемый, известный делец, директор коммерческого банка. Убит не ради денег, а по каким-то таинственным мотивам, и труп его, подброшенный или нет, был найден... Но не будем забегать вперед и начнем по порядку..."

Силин выпил залпом стакан пива, задумался и, налив второй стакан, на клочке бумаги отметил:

"1. Кто и как открыл труп? 2. Поза убитого, рана. 3. Первые меры. 4. Прибытие властей. 5. Прибытие следователя. 6. Первый допрос на месте. 7. Тайна".

— Так, хорошо! — одобрил он сам себя. — А извещение о похоронах в особой заметке. Ну!

Он выпил второй стакан пива и стал писать, не отрываясь, только и отбрасывая исписанные страницы в сторону.

Спустя час он встал, потянулся и, самодовольно взглянув на исписанные листки, аккуратно сложил их, придавил прессом и, взяв шляпу, вышел из душной комнатки.

Уходя, он поклонился девице с тусклыми глазами и сказал ей:

— Придет Матвей Михайлович, скажите, что на столе!

— Хорошо, Степан Иванович! — ответила девица таким тоном, словно он предложил ей выпить раствор сулемы и она с безропотной покорностью согласилась на это предложение.

Силин вышел и огляделся, после чего, беспечно насвистывая, направился в соседнюю улицу, перешел площадь, прошел по бульвару и совершенно неожиданно очутился перед дверью в редакцию "Газеты".

Ничего нет удивительного, что он вошел в нее, и совершенно естественно, что редактор-издатель "Газеты", Павел Петрович Стремлев, с радостным возгласом бросился пожимать ему руку.

— Рад, рад! — говорил он. — Два раза посылал за вами! В "Листке" не были?

Стремлев был еще короче Полозова, но в противоположность ему — не только на лице, но даже и на голове не имел ни малейшего признака растительности. Зато глаза его, выпуклые, словно выдавленные из орбит, беспокойно таращились и огромный нос, как руль у лодки, гордо высился над тонкими губами, что делало его голову похожей на птичью.

— Ну вот еще, — ответил Силин, — я ему свою двойню долго не забуду!

— И хорошо! — обрадовался Стремлев. — Так вы мне насчет убийства, а? Ваш родственник, — вздохнул он, — почтим!

— Великолепная статья, — сказал Силин, — таинственная подкладка, роман. Но...

— Что?

— Меньше трех копеек не возьму, и сколько напишется!

— Степан Иванович! — воскликнул Стремлев. — Где у меня средства? Вон тот каналья может: его отец гробы делал в

43

холерный год, нажился. Так ему легко Долинина на фельетон позвать, а я...

— Ну, тогда я уж к нему пойду! — и Силин с равнодушным видом повернул к выходу.

— Ну, миленький, ну, дорогой! — Стремлев взял его под руку. — Ну, Бог с вами! Пишите! Только, — он умоляюще посмотрел на него, — уж в "Листок" не ходите!

— Э, шут с ним! — ответил Силин. — Ну-с, так я сяду! — и он положил шляпу.

— Садитесь, садитесь, — засуетился Стремлев и многозначительно прибавил: — Возмущения побольше! Упадок нравственности и прочая.

Силин кивнул головой и опустил перо в чернильницу. Часа через полтора он вышел из редакции, весело улыбаясь.

— Ну, сделал! — сказал он сам себе. — Теперь к сестре, обедать, потом с Лапой повидаться для нового запаса... Ах, если бы каждую неделю такой случай!...

# VIII

Только к утру приехал судебный следователь, Сергей Герасимович Казаринов, длинный и тощий, с белокурою головой, на которой волосы росли почему-то клочьями, в синих очках на остром и тонком носе. Он вертел беспрерывно головою, словно вывинчивал ее из плеч, и при этом нос его будто нюхал воздух.

Его сопровождал письмоводитель Лапа, постоянно имевший вид только что проснувшегося человека. Если его спрашивали, он сначала подымал голову и осматривался, словно ища глазами спросившего его человека, потом в свою очередь спрашивал: "А?" — и на вторичный вопрос уже собирался с ответом.

Казаринов был возбужден. Он давно сетовал на прозаичность своих дел (помилуйте, в пьяной драке Аким Степана зарезал, или Матренин любовник в ревности ее ножом полоснул! Разве это интересно?), и теперь убийство Дерунова, казалось, давало ему случай отличиться.

— А, Яков Петрович, Николай Петрович! И вы тут? — обратился он к Весенину. — Знакомые все лица! Ну, что без меня тут сделали?

Пристав доложил, что он составил протокол предварительного осмотра места и положения трупа, полицейский врач установил убийство и сделал осмотр трупа.

— А, а! — сказал следователь. — Проверим! Труп убрали? Нет? Вот и он? Откиньте-ка парусину! Ох, был человек, и нет! Ну, займемся. Яков Петрович, вы устройте меня!

Яков провел его в свою контору, Лапа развернул портфель, и Казаринов начал предварительное следствие.

Сначала он заподозрил в убийстве Якова Петровича, потом его прислугу, потом Весенина и, наконец, Николая.

— Вы пришли поздно? После господина Весенина? Да?

Николай с видимым раздражением отвечал на вопросы. Яков следил за ним с нескрываемой тревогой.

— И когда вы пришли, трупа не было?

— Я же сказал!

— Да, да! Я и забыл... Ну, а где же гуляли все время? По дождю? В непогодь?

Николай передернул плечами.

— Везде был! В городе, на Волге, в горах.

— И вас везде кто-нибудь да видел?

— Вероятно!

— Ведь вы же разговаривали с кем-нибудь, а?

Николай хотел что-то ответить, но, видимо, раздумал.

— Ни с кем! — сказал он.

— Ни с рыбаком, ни с мещанином каким-либо. Но вы, вероятно же, ели, пили?

— Не ел, не пил!

Следователь пожал плечами. Подозрение его усилилось.

— Ну, а костюмчик, в котором вы ходили, вероятно, промок? — вкрадчиво спросил следователь. — Вы, вероятно, его сбросили?

— Наверное!

— И, вероятно, дома.

— Не на улице же!

— И вы позволите на него взглянуть? А?

— Сделайте одолжение, — ответил Николай и в раздражении громко закричал: — Лиза, принеси мою одежду, что я вчера снял!

— Но позвольте, — вмешался взволнованный Яков, — после его прихода ушел мой письмоводитель, вот при нем, — он указал на Весенина, — если бы был труп, он бы вернулся, поднял крик!...

— А-а! — протянул следователь, и в его уме Николай тотчас очистился от подозрений, а Грузов стал несомненным убийцей.

— Не надо пока! — отодвинул он принесенный прислугою костюм. — А где же ваш письмоводитель?

— Он, вероятно, скоро придет. К девяти часам!

Следователь кивнул и вдруг обратил свое внимание на принесенный костюм. Это была светлая суконная тройка и вышитая сорочка. Ее правый рукав, как и подкладка пиджака, был залит кровью.

— А что это, Николай Петрович? — спросил следователь.

— А вот что! — Николай быстро отвернул рукав рубашки и почти сунул к носу следователя свою руку, от запястья до локтя которой почти во всю длину проходила глубокая царапина. — Садился в лодку и о багор разодрал.

Следователь быстро закивал головою.

— Так, так! Но вы позволите? — и он указал на отложенные вещи.

— Сделайте одолжение!

— Занесите в протокол: рубашка и пиджак! — сказал следователь Лапе.

В это время на пороге конторы показался Грузов.

— А, — воскликнул следователь, — господин письмоводитель. Ваше звание? имя? отчество? фамилия? жительство? Так! Скажите, вы ушли от господина Долинина после возвращения его брата?

— После, — ответил Грузов, подходя к столу.

— Часу?..

— Во втором, в начале, — ответил Грузов.

— Так, так! А где вы шли?

— У нас один выход; вот тут!

— Через дорожку, в калитку? Так! И трупа не видели?

— Нет! — ответил Грузов.

Подозрение таяло. Следователь нахмурил белые брови.

— И ничего подозрительного? Крика? Стона?

— Ничего!

— А вы лично знали, что убитый должен был прийти к господину Долинину?

— Яков Петрович при мне получил от него записку. Но мы его уже не ждали.

— Почему?

— Поздно!

— Да, поздно! А еще кто-нибудь знал про его намерения посетить господина Долинина?

— Уж этого не знаю! — Грузов развел руками и отошел от стола. Следователь устало выпрямился.

— Ну, пока все! — сказал он. — Яков Петрович, может быть, чайку?

— Сделайте одолжение! — Яков поспешно встал. — Я велел приготовить завтрак. Господа, милости просим!

За стол сели он с братом, Весенин, следователь, Лапа и пристав с доктором. Следователь разговорился.

— Вы меня извините, Николай Петрович! У меня система. Все (он указал рукою на всех, не исключая даже Лапы) у меня в подозрении — и я с этого начинаю. Это ни для кого не обидно. Мало-помалу лица передо мной оправдываются, и остается один (он поднял указательный палец), знаете, как в математике: с помощью исключения третьего! Ха-ха-ха! Возвращаясь домой, он спросил Лапу:

— Что вы думаете, Алексей Дмитриевич?

— А?

— Я говорю, что вы думаете об убийстве? Есть подозрения?

Лапа, будто проснувшись, раскрыл широко глаза и ответил:

— Надо навести справки, много справок, много...

Контора нотариуса Долинина приняла прежний вид. Спустя два часа Сухотин с Весениным совершили в ней крупную сделку, и Яков Петрович скрепил их договор. Грузов писал бумаги; Лиза гремела на кухне посудою; часы монотонно тикали в столовой. Николай куда-то ушел, и сердце Якова, отчасти успокоенного, все еще тревожно сжималось. Он провел, как и Николай, бессонную ночь и успел увериться в его невинности, но тревога за него не покидала его сердца. Николай в одну ночь побледнел и осунулся. Он все время говорил с Яковом, как безумный. То радовался и убеждал, что Дерунов понес заслуженную казнь, то с ужасом и слезами думал о том, как перенесет эту весть Анна, что она заподозрит его. Потом говорил, что знает убийцу, и снова отказывался от своих слов. Едва уехал следователь и был убран труп, Николай оделся и вышел из дома.

Яков не мог заниматься.

— На сегодняшний день мы закроем контору, — сказал он Грузову, — можете идти, Антон Иванович.

Грузов стал убирать бумаги.

— А завтра?

— Завтра наведайтесь. Сегодня я уж утомился очень. Не спал... волнения...

"Странно, — подумал Яков, когда Грузов ушел, — на этого человека смерть Дерунова не произвела никакого впечатления.

Словно он знал о ней еще вчера. Фу, какие скверные мысли!... Дерунов был плохой человек..."

Грузов, наклонив голову и приседая в коленях, медленно брел по улицам, раскаленным полдневным солнцем. Путь ему предстоял немаленький.

Если пройти всю Московскую улицу, которая оканчивается оврагом, и перевалить за него, то очутишься в предместье города — "на горах". В этом предместье улицы не мощены и в жаркие дни уподобляются песочнице, а в дождливые — чернильнице; домишки в нем все деревянные, перекошенные, изредка с мезонином и балкончиком; селятся здесь торгующие на базаре мещане, владельцы домов, извозчики и в качестве жильцов — бедные конторщики, люди темных профессий, мастеровые и фабричные. Нравы здесь буйные и полное господство демократичного стиля, так что франт, появившийся на улице в модной шляпе, рискует обратить свое украшение в одно воспоминание. Днем по улицам шумной ватагой бегают ребятишки, гоняя какую-нибудь несчастную собаку или отбившуюся от дома свинью; вечером и в тихую летнюю ночь сидят веселыми группами удалые мещане с девками и под визг гармони какой-нибудь голосистый тенор выводит:

> Она, моя милая,
> Сердце мое вынула;
> Сердце мое вынула,
> В окно с сором кинула!

После чего хор весело подхватывает припев:

> Алон, камбалон
> Вдвоем, втроем пропоем!

Причем девицы стараются как можно пронзительнее визжать, и потом все раскатываются веселым смехом. А из раскрытых окон трактира "Зайдем здесь" льются томительные звуки старого, рассыхающегося органа, играющего "Дунайские волны".

В этом предместье, на краю одного из оврагов, как раз наискось от веселого трактира, в собственном домишке проживал Антон Иванович Грузов со своею матерью. Мать его была благообразная старушка, с лицом красным, как малина, и сморщенным, как печеное яблоко, с совершенно квадратной фигурою и толстыми короткими руками.

— Антоша! — воскликнула она, хлопая руками по бедрам, словно курица крыльями. — А обед-то еще и не сварился!

— Я сегодня раньше, маменька. У нас история, — ответил сын, опускаясь в глубь дивана, потому что на диван сесть нельзя было, до такой степени сиденье его ушло вниз.

— А что же случилось, Антоша?

— У нас Дерунова убили!

— Ах ты Боже мой! — старушка опять хлопнула крыльями. — А кто же убил, Антоша?

— Да я — то, маменька, откуда знаю? — рассердился Антоша. — Вы лучше вот что: мазь приготовили?

— Как же, Антоша.

— Так дайте мне, я покуда ею до обеда усы помажу.

Старуха вытащила из печки жестяную кастрюлю с какой-то мазью и сказала:

— А я бы, Антоша, тебе керосином советовала. От керосина волос скоро растет!

— Ну, и без вас знаю! Пробовал я этот керосин. Одна вонь!

И, перейдя к стенному зеркальцу, он захватил указательным пальцем изрядную порцию из кастрюльки и тщательно намазал ею верхнюю губу, отчего у него тотчас появились усы, но какого-то странного серого цвета и жесткие, как жгуты.

— Теперь я до обеда прилягу, мамаша, — сказал он, идя в соседнюю каморку, — а вы загляните к Косякову. Скажите, чтобы он не уходил из дому, меня бы подождал. Дело есть! Так и скажите!...

— Хорошо, Антоша! Спи, голубок!

Грузов скрылся, и скоро из-за деревянной перегородки раздался его богатырский храп...

Спустя два часа, выспавшись, смыв серую мазь с лица, плотно пообедав, Грузов приоделся и уже взял шляпу, но спохватился, зашел за ситцевую занавеску, где стояла постель его матери, и запустил руку под тюфяк.

— Антоша, что ты там ищешь? — спросила старушка, убирая со стола после обеда.

— Не ваше дело, мамаша! — закричал Грузов. — Сколько раз я просил вас не спрашивать о том, чего вы никогда не поймете! Пожалуйста, не лезьте сюда!

— Ну, ну, не пойду, Антоша, — испуганно ответила мать.

Через минуту Грузов вынырнул из-за занавески, что-то старательно упихивая в боковой карман пиджака, и сказал:

— Я теперь уйду, мамаша. Если бы кто пришел, скажите, что в трактире. Я там буду. Косякову-то сказали?

— Как же, как же, Антоша!

Антоша надел шляпу и, нагнув голову, шагнул за двери и очутился в сенях, заставленных ведром для помоев, кадкой с водою, лоханью, корытом и всякой рухлядью, без которой не может обойтись кухонное хозяйство. Обойдя корыто, швабру, он крепко стукнул в дверь с другой стороны сеней, за которой и жил Косяков.

Никодим Алексеевич Косяков снимал комнату в домишке Грузова и состоял, таким образом, единственным квартирантом Грузова, а - попутно — и единственным его другом. Судьба, несомненно, хотя и не без его участия, немало поглумилась над Косяковым: она произвела его на свет балованным ребенком богатых родителей; потом, сделав его сиротою, помогла ему рано ознакомиться с "прелестью бытия", после чего, ранее благосклонно ему улыбаясь, вдруг нахмурила свое чело и начала трепать, встряхивать и метать несчастного Косякова во все стороны. Будучи безусым корнетом армейского драгунского полка, он прокутил в три года все наследство родителей, кроме нерушимого благословения, и бросил полк, увлеченный девятипудовой помещицей; оставленный ею за коварную измену с более воздушным созданием, он ухитрился сделаться управляющим у соседа помещика, который имел непобедимое влечение к всевозможным тяжбам. Прослужив у него два года, Косяков внезапно был лишен его доверия и покровительства, неосторожно взяв с соседнего кабатчика малую мзду за пропуск апелляции по делу своего патрона, — после чего судьба уже безжалостно начала его отделывать, как суровый родитель, разочарованный в своем детище.

Мытарил Косяков по письменной части по всем уездным экономиям, служил в городе в управе, был канцеляристом при полиции и, наконец, всюду претерпев неудачи и гонения, занялся свободной профессией ходатая по мировым учреждениям.

Грузов вошел в кухню, загороженную огромной русской печью, в черной пасти которой сиротливо жались друг к другу два муравленых горшка, споткнулся о брошенные на пол сапожные щетки и остановился на пороге большой комнаты, надвое разделенной выцветшей кумачовой занавеской. В углу под образами стоял комод, накрытый скатертью, на котором красовалось круглое зеркало; под окном стоял небольшой сосновый стол с банкою чернил, из которой торчала ручка пера, с кипою бумаг и рыжим портфелем; дальше стоял стол побольше, с шестью деревянными желтыми стульями, а в углу комнаты — небольшой столик и подле него глубокое вольтеровское кресло, не менявшее обивки и не знавшее починки, вероятно, со времен Екатерины; в этом кресле сидела женщина в грязном ситцевом капоте, с распущенными волосами. Когда-то она была красавицей, но теперь лицо ее пожелтело и сморщилось, нос заострился и только большие, черные глаза с лихорадочным блеском сохранили еще прежнюю красоту. Но и в них, вместо былой гордости, отражалась какая-то пугливость. Грузов кивнул ей головою.

— Никодим Алексеевич дома?

— Здравствуйте, здравствуйте! — затараторила в ответ женщина. — Дома, дома! Спит, спит! Вы подите туда, подите.

Она подняла руку, желтую и тонкую, и указала на занавеску.

— Только он сердитый сегодня, ух! — прибавила она. — Бранился, бранился и говядины мне не нарезал! Да! Вы разбудите его!

— С кем это ты, сорока? — раздался из-за занавески заспанный голос. Женщина выразительно посмотрела на гостя.

— Это я, — отозвался Грузов, — вставай, что ли!

— А, ты, Антон! Сейчас! Что у тебя за дело такое?

— После! — ответил Грузов, садясь на стул в ожидании. За занавеской заворочались. В то же время голос говорил без умолку:

— Ладно, подождем! А моя-то сорока какую штуку сегодня удрала. Пришел этот каналья Сиволдаев, что за буйство судился; где, говорит, Никодим Алексеевич? Ушел! А где бумаги? Сорока-то ему: поищите на столе! Он нашел свое условие, взял его и ушел. Так пятнадцать целковых и свистнули. Ищи ветра в поле!

— Я ничего не могла сделать, — жалобно захныкала женщина, — купи мне длинную палку, я их бить буду. Я ему кричала, кричала...

— Хорошо, сорока! Я сказал, что три дня не буду тебе мяса резать, и - баста! А в другой раз... Ну, идем! Я готов!

И Косяков вышел из-за занавески.

Это был мужчина лет сорока, довольно полный, внушительной наружности, с расчесанными густыми баками и с медным пенсне на носу, которое вздрагивало от резких движений его головы.

— Вот и я! Здравствуй! — сказал он. Грузов поздоровался с ним.

— Ты сиди смирно, сорока, — сказал наставительно Косяков женщине, — до моего прихода. Я приду и уложу тебя в

51

постель. Вечером тебе Антонина Васильевна чаю принесет! Ну, идем!

— Дай хоть руку на прощание, — снова захныкала женщина, — не сердись на меня! Я не буду! — прибавила она жалобно.

Косяков протянул ей руку; она жадно поцеловала ее несколько раз и взглянула на него молящим взглядом. Он смягчился.

— Ну, ну, сорока, я простил уже! Завтра нарежу мяса, только в другой раз... — и он погрозил ей пальцем.

— Ты принеси мне камней, я кидать в них буду!

— Ладно, а теперь будь умницей. Сиди смирно. На тебе карты, гадай! — он быстро взял с комода карты, положил их перед женщиной и погладил ее по голове.

— Ну, идем!

— Идем! — отозвался Грузов.

— Прощайте, прощайте! Я нагадаю вам счастья! — кивая головою, сказала им вслед женщина.

— Постой, я на минуту! — произнес Косяков, когда они вышли в сени, и прошел к матери Грузова. Грузов вышел на улицу, и Косяков через минуту догнал его.

— Ну, Антонина Васильевна обещала и чаем напоить ее, и посидеть с нею, — сказал Косяков с облегченным вздохом.

— Тяжело? — спросил Грузов.

Косяков махнул рукою.

— И не умирает! — проговорил он с досадою. — Удивительно! Сидит, ест, пьет — и хоть бы что. Сохнет только. Будь деньги, я бы ее в больницу, на покой, отдельный нумер, сиделка — и с рук долой!

— Будут! — уверенно сказал ему Грузов. Косяков с удивлением взглянул на него.

— Здесь! — повторил Грузов и с таинственным видом ударил себя в грудь.

Они перешли улицу и вошли под гостеприимную сень трактира "Зайдем здесь". Для бражного веселья был еще ранний час, и в пустой зале, положив головы на грязные скатерти, крепко спали двое половых.

Грузов толкнул одного из них, отчего тот вскочил, испуганно метнулся в сторону, поправил для чего-то скатерть, отмахнул мух грязною салфеткою и, наконец, вперил взор, полный готовности, на двух посетителей.

— Особняк, — приказал Грузов, — чаю, флакончик и закусить!

Половой метнулся как угорелый. Грузов степенно пересек

залу и вошел в крошечную комнату, отделенную от общей драпировкой. Косяков послушно следовал за своим приятелем, не спуская с него недоумевающего взгляда. Они молча уселись и молчали, пока половой, извиваясь станом, с грохотом ставил чайную посуду, с показной живостью вытер рюмки и скрылся; молча выпили по три рюмки, и наконец после четвертой Грузов разрешил это молчание, энергично спросив Косякова:

— Друг ты мне?

— Друг! — не замедлил ответить Косяков.

— И если я к тебе с доверием, ты — могила?

Косяков только кивнул головою. Грузов постучал ножом по тарелке и сказал половому:

— Еще флакон.

Половой исполнил заказ и скрылся, а Грузов придвинулся почти вплотную к своему другу, наклонил голову и понизил голос:

— Слушай! Если к тебе приходит вдруг господин и говорит, к примеру, что вот, дескать, один господин принесет векселя другого господина для протеста и вы, дескать, пожалуйста, задержите их денька на два, на три, и вот вам сейчас синенькая, а там красненькая... Ты что? а?

— Взял бы! — убежденно ответил Косяков, но Грузов, очевидно, ждал ответа на другой вопрос. Он тряхнул головою и внушительно произнес:

— Начинаешь подозревать? Чуешь?

— Ну, понятно, — смущенно ответил Косяков, ровно ничего ни понимая.

— И ежели при этом два креза и один так, шантрапа? — добавил Грузов и, чокнувшись, опрокинул в рот рюмку. Потом, закусив, вытерев губы рукою и нагнувшись еще ближе к Косякову, он продолжал: — И потом вдруг убийство...

Косяков вздрогнул и отшатнулся, но Грузов ухватил его за рукав и шипел сиплым шепотом:

— И ежели ты идешь и вдруг — труп... самого креза...

— Дерунова? — с ужасом прошептал Косяков.

Грузов с укоризною взглянул на него.

— Не называй имени. К чему имя? И вдруг, я говорю, труп; ты нагибаешься, смотришь, и вдруг конверт; ты...

Косяков, казалось, стал понимать.

— Беру конверт и иду домой, — подхватил он. Грузов одобрительно закивал:

— Ты берешь конверт, идешь домой, раскрываешь его и вдруг находишь...

— Деньги! — воскликнул Косяков, и глаза его загорелись. Грузов отрицательно качнул головою.

Глаза Косякова потухли.

— Что же? — спросил он.

— Векселя! — ответил Грузов, подняв палец. Лицо Косякова не могло скрыть разочарования.

— На пятнадцать тысяч векселей с бланками креза! — повторил Грузов, поднимая палец еще выше, и спросил: — Ты что бы сделал?

— Снес бы в полицию и сказал, как нашел их, а то еще худо будет! — уныло ответил Косяков.

— И глупо! — сказал Грузов. — Пойми: с бланками креза, другого, и те самые, о которых хлопотал шантрапа! Понял?

Косяков промычал в полном отчаянье. Лицо Грузова приняло вдохновенное выражение. Схватив руку своего друга, он сжал ее и, придерживаясь облюбованной формы выражения, заговорил:

— Глупо! Было бы умнее, если бы ты рассуждал так: зачем крезу, вместо того чтобы просто давать жене своей деньги, ставить на ее векселя свои бланки, чтобы их из сорока процентов учитал другой крез, убитый? Было бы умнее, если бы ты подумал, что тут что-то не того... А?

Грузов лукаво прищурился, а Косяков уже одобрительно промычал, и лицо его стало светлеть. Он начинал понимать суть дела.

— А потом ты вспомнил бы, что в этот день утром, а потом вечером к тебе прибегал тот шантрапа, дал тебе синенькую, обещал красненькую и все доподлинно знал о векселях, совсем чужих для него. Было бы умнее, если бы ты вспомнил об этом да подумал: о, да тут нечисто! Откуда шантрапа все знает, чего он заметался, зачем жене креза векселя писать, а самому бланки ставить, а?..

— Подлог! — воскликнул Косяков.

— Было бы умнее, — войдя в азарт, продолжал Грузов, — подумать: отчего этот крез упал, сраженный как раз на дороге к нотариусу, когда нес эти векселя?..

— Подлог и убийство! — воскликнул Косяков, стукнув по столу, но лицо его тотчас опять посмурнело. — Он бы унес векселя.

— А если внезапный шум и он испугался?

Грузов торжествующе глядел на Косякова, а тот глубокомысленно смотрел на прихотливый узор на скатерти, оставшийся от разлитого раньше пива.

— Но что же в этом толку? — произнес он, подумав.

Грузов, казалось, ждал этих слов. Он опять ухватил своего друга за рукав и заговорил:

— Было бы умнее, если бы ты раньше подумал, чем произнести эти слова. Если бы ты подумал, то сказал бы себе: этому шантрапе очень важны векселя, да и жена креза была бы рада их сжечь, да и оба они дрожат теперь, как овечьи хвосты. Ты бы вспомнил, что у тебя есть друг, и сказал бы: меня этот шантрапа знает, и меня уже допрашивал следователь, мне неловко держать их у себя; но у меня есть друг, и он сперва напишет письмо шантрапе, потом увидится с ним, потом станет торговаться. А потом, — оживляясь, шептал Грузов, — он то же сделает и с женой креза и обогатит и себя, и друга. А векселя отдал бы для безопасности ему, другу!

Лицо Косякова в третий раз просветлело и глаза загорелись, как у голодного волка при виде мяса.

— Ей-Богу, я так бы подумал! — воскликнул он. — И другом этим был бы...

— Ты, Никиша, — торжественно заключил Грузов.

— Антоша! — и Косяков от избытка чувств охватил голову Грузова и прижал ее к своему подбородку, отчего пенсне свалилось с его носа.

— И вот тебе они, — сказал Грузов, освобождая свою голову и вынимая из кармана пачку, завернутую в газету, — спрячь!

— Я под сорочку положу их! — объяснил Косяков, принимая пачку и пряча ее.

— Куда хочешь, Никиша. А теперь слушай!...

И они начали совещаться, причем теперь Косяков уже показал больше опыта и сметки, нежели Грузов.

Комнаты трактира давно наполнились гостями. Орган, не уставая, хрипел марши, вальсы и попурри; среди звона посуды раздавались смех, говор и визгливые женские возгласы, а Грузов с Косяковым все шептались, не слыша пьяного гама.

Приблизительно в эту же пору усталый Лапа вернулся домой и, избегая встречи со своей пленительной хозяйкой, осторожно пробрался в свою комнату, по дороге позвав к себе Феню, с которой он давно жил душа в душу.

Она вошла к нему, вся розовая от радости его видеть.

— Приуготовь, Фенюшка, самоварчик, — сказал он ласково, — да приди со мной посидеть. Что, старуха угомонилась?

— Полегли и она, и барыня. Я мигом!

Феня скрылась. Лапа переоделся в байковый халат с синими разводами и полулег на диван.

Минут через десять Феня внесла самовар, посуду и, заваривая чай, стала оживленно передавать события дня.

— У нас своя история, — рассказывала она, — барыня-то молодая вчера от мужа бежала. Он у себя заперся, узнал про ее шашни-то...

— Захаров? — лениво спросил Лапа.

— Он самый!

— А что за шашни?

— Не знаете? Я же говорила вам, — сказала с укором Феня, — она с Деруновым, с этим самым, — Феня понизила голос, — путалась. Вчера он приходил сюда, билет ей принес и деньги, чтобы по Волге ехать...

Лапа полулежал на диване в полудреме, почти не слушая Феню, но тут вдруг встрепенулся, раскрыл полусонные глаза, сел и, запахивая халат, переспросил:

— Дерунов? Вчера?

— Вчера, как вы спали... Вот чай; сахар сами положите... Ну, а муж-то ее у себя заперся. Нынче Луша, горничная у них, пришла и говорит: "Все запертый сидит, порешился, верно". Мы ей говорим: "Сходи посмотри, а в случае чего полицию зови". Она и ушла. Только ушла, а через полчаса назад приходит, бледная вся и трясется. Он, говорит, отперся, и у него молодой Долинин сидит. Бегают они это по кабинету-то и оба кричат. Один кричит: вы! Другой кричит: я! — и потом снова. Она и убежала. А потом мне и говорит: "Пойду снова, соберу вещи да и уйду от них. Ну, говорит, с ними! Еще греха наживешь..." Барин! Алексей Дмитриевич! Да что ж это вы так сидите: и сахару не положили, и чай простыл!

Лапа действительно словно замер. Он откинулся к спинке дивана и устремил неподвижный взгляд на карниз, где черным кружевом висела паутина.

При возгласе Фени он очнулся и рассеянно взглянул на ее оживленное лицо.

— А? Ты про что?

— Фу-ты, Господи, — воскликнула, смеясь, Феня, — я — то соловьем разливаюсь, а он спит!

— Я устал, Фенюшка. Сегодня работал много, — ответил Лапа, — и устал. Налей мне другой стакан чаю и сахару положи. Вот так, спасибо!

# IX

Николай Долинин сразу не мог разобраться в своих чувствах. Сначала он был просто поражен, парализован страшною вестью от своего брата; потом, когда сознание возвратилось к нему, его прежде всего охватила радостная мысль, что Анна свободна, но эту радость тотчас сменил ужас, что мысль, мелькнувшая в голове его брата, могла явиться и у нее. Кровь стучала в висках. Ее надо видеть, видеть во что бы то ни стало! И как подействует на нее это страшное известие? Он хотел бежать тотчас, предупредить ее через Силина, но пристав не пустил его до приезда следователя.

Мысли беспорядочно кружились в его голове. Он стал думать об убийце, и вдруг — сперва мелькнуло в его голове подозрение, потом стало расти и укрепляться. Убийца — Захаров! Для него это стало ясно, как день... Он припомнил свои встречи с ним. Первую, когда он бросил ему пошлый намек; вторую — спустя три-четыре часа, может, шесть часов, на берегу Волги под проливным дождем.

Дождь загнал его в заброшенный шалаш рыбака. Он сидел в нем на обрубке дерева, когда в шалаш неожиданно вошел Захаров, без шляпы, дождь смочил его волосы, и они беспорядочно прилипли ко лбу, к щекам; потоки воды струились с его одежды, но он не замечал этого и показался Долинину словно помешанным. Взор его бессмысленно блуждал, все тело дрожало. Когда Долинин его окликнул, он нисколько не удивился встрече с ним, сел подле него на землю и, вынув платок стал вытирать мокрое лицо. Потом, подняв голову, сказал Долинину:

— Вы это верно мне намекнули. Она собиралась убежать с Деруновым... по Волге кататься... Я перехватил письмо и все узнал!...

Николай вспомнил его хриплый голос отчаявшегося человека и спросил:

— Зачем вы здесь в такую погоду?

— Я побоялся убить ее и убежал, — ответил он; потом помолчал немного, задумавшись, и заговорил, не обращая внимания на Долинина: — Меня возмущает обман! Целая система, изо дня в день, из часа в час, огромная сеть, сплетенная из лжи и притворства. Ночью она расточала мне ласки, нося в душе измену, днем лгала мне словами, улыбкой, глазами... Подлая женщина!... И я любил ее!... Я люблю ее! —

он ударил себя кулаком в лоб. — От этого я и убежал сюда. Не будь любви, что мне в ее обмане? Пошла вон! Но когда любишь... когда долгими годами скопленное золото обратится вдруг в битые черепки... Убить мало! Гадина! А впрочем... Это не она. Это мать и тот... тот... развратник!

Он потряс в воздухе кулаком. Дождь продолжал литься и громко стучал по берестовой настилке шалаша. Долинин не перебивал его речи и смотрел на него, как на безумного.

— Вы их не знаете? — спросил его Захаров. Долинин покачал головою.

— Мать старая развратница и сводница. Она теперь бы готова была иметь любовника, хотя ей шестьдесят лет. Он... он! Кто же его не знает! Он за деньги покупает девушек... он соблазнил и ее... деньгами, нарядами... Я не могу, я получаю сто рублей, а она любит блеск, наряды... и попалась! Твари! — он выкрикнул это слово хриплым голосом и вскочил на ноги.

— Не ее, а их убить, их убить! — повторил он словно сам себе и, несмотря на дождь, быстро вышел из шалаша. Долинин закричал ему вслед, высунулся и увидел, как Захаров огромными прыжками бежал по дороге к городу. Ему стало страшно...

И теперь, вспомнив эту встречу и свои ощущения, подозрения переросли в нем в уверенность.

"Если он, — он должен сознаться... ради меня, — подумал он. — Я заставлю его! Да! Нельзя убивать безнаказанно людей и потом прятать концы. Убил иди смело сознаваться. Ведь не для грабежа это!" С этими мыслями, больше думая о себе, чем о Захарове, он пошел к нему полчаса спустя после отъезда следователя. Подойдя к двери, он крепко дернул шнур звонка, но на его звон никто не откликнулся. Он дернул второй, третий раз, стал стучать в дверь, потеряв терпение, но внутри было все так же безмолвно и ничто не обнаруживало признака жизни.

Николай оставил дверь и огляделся. Кругом было пустынно и тихо, ни один человек не проходил по улице. Он легко перешагнул низенький забор палисадника, окружавшего дом, и стал заглядывать в окна. Комнаты были пусты; он зашел за угол и наткнулся на открытое окошко. Заглянув в него, он увидел кабинет; в глубине его, на оттоманке, скорчившись, лежал человек, в котором Николай признал Захарова, и, раздраженный, стал громко и грубо звать его:

— Эй вы, как вас звать! — кричал он в комнату. — Вставайте, что ли! Я звонил, звонил! Что вы, прислугу-то нарочно отпустили, что ли? Ну! Захаров!

Захаров при первом звуке его голоса вскочил как

ужаленный и сел, бессмысленно озираясь по сторонам, не соображая, кто и откуда с ним разговаривает.

— Да взгляните на окно, черт возьми! — заорал Николай, потеряв терпение. — И откройте дверь, иначе я в окно влезу.

Захаров обратил к нему свое измученное, апатичное лицо и, узнав его, кивнул головою.

— Здравствуйте, здравствуйте! — ответил Николай. — Идите дверь открыть!

— Разве никого нет?

— Вероятно, если я полчаса звонил и стучал у двери.

— Я сейчас.

Спустя несколько минут Захаров впустил его в дом и пошел назад к себе в кабинет, уже не обращая на него внимания, но Николай решительно вошел за ним в комнату, запер окошко и, глядя на Захарова в упор, сказал ему:

— Сегодня ночью Дерунова убили. Вы знаете?

Захаров вздрогнул, лицо его вспыхнуло, глаза сверкнули, и он вдруг рассмеялся.

— Убит? Очень хорошо! Так ему и надо. Я...

— Да, вы! — жестко сказал Николай и с озлоблением добавил: — Вы — убийца!

Захаров перестал смеяться, угрюмо кивнул головою и ответил:

— Я! Разве я мог простить ему это! Я лелеял эту мечту и убил! — Он нанес удар кулаком кому-то невидимому в воздухе. Николай отступил от него.

— Чем ударили его? — спросил он тихо.

— Я, я! — словно радуясь, подхватил Захаров. — Я силен! О-о! — Он вытянул свою мускулистую руку. — Я встретил его и вынул револьвер, но он был незаря-жен, и я бросил его... — Захаров вдруг задумался и опустился на диван.

Николай подошел к нему

— Чем же ударили?

— Револьвером, ручкою. Бац! Охо-хо, от такого удара треснет череп у буйвола!

— Зачем вы убили его у нас в саду? Места не было?

— Не было, не было, — повторил Захаров, — я его бац! Ха-ха-ха! — Он задрожал и стал ежиться в ознобе. Николай заметил, что он не переменил одежды и она была еще и теперь сырая.

— Так убийца вы? — будто не поверил Николай.

— Я, я! — ответил Захаров, дрожа и ежась.

— Вы должны донести на себя! — сказал Николай. — Мне нет до этого дела, и я пришел к вам для своего успокоения, а вы должны. А теперь лягте! — он кивнул ему и вышел из кабинета. Притворяя дверь, он видел, как Захаров, скорчившись, упал на диван.

В дверях он увидел сторожа.

— Тебе чего?

— К господину Захарову из управы. Просят его! — ответил сторож.

— Он болен!

— Тогда ключи спрашивают.

Николай вдруг словно очнулся и обозлился. Какое ему до всего этого дело?

— Надо, так и возьми! — резко ответил он. — Вон он там, в кабинете, валяется! А за мной двери запри! — и он быстро вышел на улицу.

"Теперь к Анне! Я успокою ее. Я все объясню, расскажу ей. Правда, я грозился, но угроза и дело — разница. Она поймет и потом сама будет рада. Захаров завтра сознается... а вдруг заболеет, умрет?.. Ну, да мне что! Теперь Аню, Аню!"

У крыльца дома Деруновых толпился народ, двое полицейских стояли для порядка, время от времени на крыльцо входили люди с серьезными, сосредоточенными лицами. Николай увидел Силина, поздоровался с ним. Силин пылко встряхнул ему руку.

— Полчаса, как перевезли его, — сообщил он, — и хлопот было!... Банк на свой счет хоронит. На панихиду губернатор приедет. Ждем!

— Что сестра? — спросил Николай, думая только о ней.

— Убивается! Сначала истерика, обморок... беда! — он махнул рукою. — Я совсем растерялся. Бегаю, Пашка бегает, нянька бегает, Лиза плачет, а Иван как сыч... Спасибо, Вера Сергеевна приехала, доктора привезла...

— Что же с ней?

— Ну, теперь по-хорошему. Никого только к себе не пускает, кроме Веры Сергеевны; лежит пластом и все говорит: "Казнь, казнь!" Что, красиво? — спросил он хвастливо, входя в зал, и, не дожидаясь ответа, устремился к прибывшим. Николай прошел в угол за рояль и остановился там.

На высоком катафалке, окруженном тропическими растениями, лежал убитый. Часть головы его с поврежденным глазом была забинтована, а другая хранила бесстрастный покой. Выражение ужаса сгладилось на застывшем лице, и оно было таинственно и равнодушно.

Николай огляделся. Народу собралось много. Впереди всех стояла Вера Сергеевна, держа за ручку крошечную Лизу, немного поодаль стояли Можаевы, Весенин и брат Яков, в стороне отдельной группой у окна собрались судейские. Казаринов что-то оживленно объяснял прокурору и председателю, делая совершенно не соответственные месту и времени жесты; дальше тесною стайкою сбились пайщики Дерунова, недалеко от Николая толпились служащие в банке, а в дверях, почтительно отскакивая в стороны при каждом новом появлении, стояли сторожа, артельщики и мелкие служащие банка.

Силин, приняв на себя роль радушного хозяина, обходил группы, беседуя то с одним, то с другим лицом, и весь сиял удовольствием от разыгрываемой роли. Время от времени он бросался к дверям встречать вновь прибывающих. В зале произошло движение. Вошел священник с дьяконом и дьячком, и, топая ногами, кашляя и сморкаясь, у дверей столпились певчие.

Силин подошел к священнику, но в эту минуту в дверях появился полицеймейстер. Силин бросился к дверям и перегнулся надвое, приветливо улыбаясь и слегка наклоняя голову. В зал вошел губернатор в сопровождении Анохова, который шел подле него бочком. Губернатор прошел через зал и остановился подле Можаевых.

Началась панихида. Николай почти не слышал ее. Вот лежит бездыханное, холодное тело Дерунова, и он равнодушен к нему, а всего только вчера он грозил ему кулаком и готов был убить его. Вчера он считал его преградою к своему счастью, а сегодня труп его — словно укор. Но кто причина его смерти? Не его ли грубый намек взорвал Захарова и тем самым поджег фитиль?.. Николай вдруг очнулся и оглянулся с тяжелым ощущением. В углу, с другого конца рояля, стоял Лапа и, казалось, дремал, некрепко держа в руках зажженную свечку.

"Я совсем расстроился", — подумал Николай и, стараясь сосредоточиться, стал вслушиваться в слова панихиды. Но плавное течение мысли сбивалось и дробилось. Подняв глаза, он увидел Можаевых, и мысли его приняли новое направление.

Как красива Елизавета Борисовна; рядом с мужем она выглядит его дочерью, так молодо и свежо ее лицо. Но сегодня она что-то необыкновенно бледна и уныла. Неужели ее так поразила смерть Дерунова? Что он ей? Очевидно, у нее иные причины. Вот взгляд ее исподлобья обвел всех окружающих и остановился на нем.

Что это? Она словно зовет его взглядом. Какие удивительные глаза, какая сила выражения! Николай невольно подался корпусом, но тотчас оправился. Нет, это не его зовет ее взгляд! Он устремлен на Анохова, и тот его понял. Тихо, почти не передвигая ног, он приблизился к ней... Она уронила платок, он с ловкостью губернаторского чиновника нагнулся и поднял. От Николая не укрылся крошечный комочек бумаги, перешедшей к Анохову в руку. Это продолжалось всего мгновенье, но Николай в испуге осмотрелся, не видел ли кто-то, кроме него, этой сцены, и взгляд его опять встретился с сонным взглядом Лапы. Казалось, он на миг проснулся, что-то вроде улыбки скользнуло по его губам, и лицо снова приняло сонливое, апатичное выражение. Николай вдруг вспомнил про встречу с Аноховым. Зачем он приходил вчера к брату? Надо узнать!...

Панихида окончилась. Дерунов лежал уже в дорогом дубовом гробу. Посетители смешались, окружив губернатора. Служащие банка положили у катафалка огромный венок из традиционных пальмовых листьев, сделанных из кровельного железа; пайщики Дерунова, в свою очередь, выразили скорбь венком из дубовых листьев того же материала, и все медленно, шаркая ногами и жужжа, как осы, начали выходить из зала.

Николай остался на месте. Он не двигался до той поры, пока зал не очистился от всех посетителей. Дьяк монотонно читал над покойником, в зал осторожно вошел Иван и, поднявшись на катафалк, стал оправлять парчу. Тогда Николай вышел из своего угла и направился к дверям.

— Кровь! — вдруг закричал Иван не своим голосом. Николай быстро повернулся; дьяк умолк.

— Где, какая кровь? — спросил Николай.

Иван, бледный как полотно, указывал дрожащей рукою на повязанную голову покойника, и глаза его выражали панический ужас. На белой повязке ясно выступила просочившаяся кровь.

Дьяк глубоко вздохнул и перекрестился.

— С нами крестная сила! — сказал он. — Был убийца!

Иван, придерживаясь за край гроба, сошел с катафалка и постепенно оправился. Увидев Николая, глаза его вспыхнули злобою.

— Идите, барин! — сказал он грубо. — Панихида окончилась, барыни не увидите, братец их ушедши!

Николай с удивлением посмотрел на него. Откуда такая злоба в его взгляде и голосе? Неужели и он тоже?.. При этой мысли Николай вспыхнул и быстро вышел из зала.

Похороны Дерунова были великолепны. Действительно, как написал потом Силин в "Листке", проводить покойника собрался почти весь город.

Нищие, в ожидании щедрой милостыни, толпы зевак, собравшихся смотреть на убитого, наконец, обширный круг знакомых, клиентов, служащих в банке, приютские дети, которых он был попечителем, старики местной богадельни — все собрались проводить Дерунова в его последнее убежище, где нет печали и воздыханий, но жизнь бесконечная.

Длинный кортеж заполонил всю улицу. Впереди тележка, из которой сыпали ельник, затем два жандарма, духовенство и певчие, затем роскошные дроги под пышным балдахином с недвижимым трупом, за ними длинная вереница попарно идущих детей, потом старики, знакомые, а там колесница с венками, длинный ряд карет — и с обеих сторон толпы народа, пользующегося случаем посмотреть на богатые похороны.

Медленно, но неуклонно двигался Дерунов к своему последнему жилищу, и, несмотря на всю торжественность процессии, был ли хоть один человек из громадной толпы провожавших, который чувствовал бы истинную утрату со смертью Дерунова? Был ли хоть один, чья торжественная серьезность на лице не явилась бы пошлою маской? Упала ли хоть одна слеза в течение трех дней со смерти местного банкира и дельца?

Впрочем, несколько горячих слез упало из глаз Захаровой, которая шла под руку со своею величественной матерью, исполненная тайной грусти и разочарования.

Сама же полковница Калкунова сияла великолепием. Со стороны можно было подумать, что и похороны устроены только для того, чтобы она могла шествовать за гробом, — с такой величавостью и грацией она ступала по мостовой, усыпанной ельником.

— Злодей, негодник! — говорила она нараспев, подцепив по дороге Лапу. — Состоите у меня жильцом, я считаю вас другом своего сердца, и вы, находясь в самом водовороте дела, ничем не делитесь со своим другом. Ну, будьте же паинька! Что, убийцу нашли?

Лапа дремал подле нее, хотя из-под опущенных век глаза его пытливо смотрели на Екатерину Егоровну, удрученную печалью.

— А? Что? Вы говорили, кажется... — очнулся он.

— Злодей, притворщик! — полковница кокетливо ударила его по руке и обнажила образцы искусства столичного дантиста. — Он нарочно притворяется, что не слышит Убийцу нашли?

— Найдут, вероятно, — ответил Лапа, — следователь очень проницательный человек. Простите! — и он вдруг оставил полковницу, глубоко возмущенную его изменой, но она тотчас успокоилась, ухватив за рукав Силина.

— Вообразите, мой ветреный поклонник меня бросил, Степан Иванович. Будьте же мне верны, мой рыцарь. Скажите, ваша сестра очень убивается? Ее здесь нет?

— Чертовски! — ответил Силин, с отчаянием осматриваясь, нельзя ли, кого-нибудь подсунуть в жертву этой руине. — И ее здесь нет!

— Ах, как я ей сочувствую! — встряхнула полковница небольшим палисадником на своей голове. — Моя Катя и та скорбит, что же она? Когда умер мой муж, я, помню, отказалась утром от обычной чашки кофе и плакала, плакала... Скажите, вы все знаете, убийца найден?

Силин сделал серьезное лицо.

— В подозрении, в подозрении. Однако простите! — и, быстро рванувшись в сторону, он скрылся в толпе.

Николай шел рядом с братом, который разговаривал с Весениным, когда его кто-то взял под руку, и он с удивлением увидел подле себя Лапу.

На этот раз Лапа не дремал и глаза его светились живым огнем.

— Хожу один в огромной толпе как неприкаянный и решился подойти к вам. Вы не в претензии?

— Ничуть! Чем могу быть полезен? — сказал Николай.

— Обществом, только обществом, — ответил Лапа. — Здесь такая арена для наблюдений, с кем же поделиться впечатлениями, как не с писателем. Ах, и я когда-то писал! Стихи писал. Потом бросил, сознав, что это бред больной души и раздражение пленной мысли. Стал изучать право и сделался письмоводителем при следователе...

Николай шел молча, тяготясь непрошеным обществом Лапы.

— Удивительно, сколь чувствительны вообще женские натуры, — продолжал без всякой последовательности Лапа, — я не говорю про почтенную супругу податного инспектора. Она превратилась бы в гору, если бы не плакала при всяком чуть-чуть удобном случае, но взгляните, например, на Елизавету Борисовну Можаеву: на ней лица нет! Взгляните на Захарову, у нее глаза красны, как сигнальные фонари. Да и муж ее огорчен, верно. Он вчера и на службе не был. Вы не знаете, что с ним?

— Он болен, простудился, — ответил Николай, — мы с ним оба были под дождем в ту страшную ночь...

— А! — протянул Лапа. — Гуляли! — и он вдруг рассмеялся. — Вы не рассердитесь! Я не над вашей прогулкой. Смешно, что сама Захарова и ее прислуга уверены, что он в отчаянье сидел запершись, а он вышел и гулял себе вволюшку.

— Откуда вы знаете, что он заперся? — грубо спросил его Николай.

— Господи, да ведь я живу у ее мамаши. Вон та чучело! Как же мне не знать-то! И сильно промокли? — вдруг спросил он.

Николай усмехнулся.

— Теперь обсохли; что было, то прошло, — ответил он с насмешкою.

— Не пойму, чего так она убивается? — сказал словно про себя Лапа и вдруг погрузился в свою обычную спячку. Николай отошел к брату; брат любовно взял его под руку, а в это время Весенин говорил:

— В ее печали что-то мистическое. Она, верно, очень религиозна...

Николай насторожился.

— Вы про кого говорите?

— Про Анну Ивановну, — ответил Яков, прижимая к себе его руку, а Весенин продолжал:

— Наша Вера Сергеевна очень ей сочувствует и теперь пригласила ее к нам на все лето.

— А когда вы едете? — встрепенулся Николай.

— Хотели сегодня, ну, а теперь придется отложить до завтра.

Процессия пришла на кладбище. Гроб с останками Дерунова внесли в церковь. Провожавшие меньшею частью вошли в церковь, большею — разбрелись по кладбищу.

Елизавета Борисовна под тенью огромной липы, скрытая мраморным памятником и кустами сирени, жадно схватила Анохова за руку и заговорила:

— Наконец-то! В первый раз после этого ужаса. Если бы ты знал, как я измучилась! Ведь это не ты?

Анохов изумленно поднял плечи. Лицо ее сразу просветлело.

— Ах, как я рада! Я думала, вы встретились, заспорили. Он сказал грубость, ты вспылил... Ах, что я вытерпела! А потом, — она опять схватила его руку, — относительно их...

— Будь покойна, — ответил Анохов, — я видел Грузова (письмоводитель у нотариуса), и покойник не приносил их, ну а в бумагах я задержу их.

— Как?.. Анохов улыбнулся.

— Я внушил губернатору, что у Дерунова могут быть компрометирующие бумаги, и он по моей инициативе снесся с

65

прокурором. При описи бумаг буду присутствовать я и, едва их замечу... — он сделал выразительный жест.

— Милый! — она быстро оглянулась и, никого не видя вокруг, на миг прильнула к груди Анохова, потом опустилась на цоколь памятника и, держа руку Анохова в своей, нежно заговорила: — Завтра мы уезжаем! И на все лето! Впрочем, я буду приезжать, помнишь, как тогда? (Анохов кивнул и улыбнулся.) Но приезжай и ты! Будем видаться хоть раз в неделю. Иначе я умру. Я не могу жить в этом сплошном обмане без твоей поддержки!

Анохов взглянул на нее с любовью.

— Подожди немного, — сказал он, — мой патрон скоро переводится в Петербург на важный пост и берет с собою меня, а я тебя!

— Скорей бы! — вздохнула она и, резко встав, сказала светским тоном: — Теперь дайте мне руку и проводите до церкви!

Анохов почтительно подал руку. В это время мимо них прошел местный прокурор Гурьев, полный господин с бритым, мясистым, добродушным лицом, в золотых очках на курносом носе. Рядом с ним, вертя острым носом, шел Казаринов. Они оба почтительно поклонились Елизавете Борисовне и пошли дальше.

— Подозрения на всех, — продолжал следователь свою речь, — и на молодого Долинина, и на Грузова, и на прислугу, — но данных мало. Лапа ищет. Он по природе сыщик, ну и я...

— Помните одно, Сергей Герасимович, — густым басом ответил Гурьев, — что это дело сенсационное. Столичная печать уже обратила на него внимание. Вот вам случай отличиться. А кстати, — перебил он себя, — кто это пишет в "Новое время"? Не этот ли Долинин, он писатель, кажется?

— Нет, не он! Это Силин, зять покойного. Он и здесь пишет. Врет больше, — ответил Казаринов.

— Врет не врет, а от этих писак исходит якобы общественное мнение. Глуп он?

— Глуп! — уверенно ответил Казаринов.

— Так вы ему через своего Лапу, что ли, внушайте соответствующие мысли. Все, знаете, приятнее и для дела полезней, а то ведь он звонит, да не в те звоны...

— Лапа отлично это сделает! — засмеялся Казаринов.

— И главное, Сергей Герасимович, опасайтесь этих арестов. А то вы всегда, черт знает, человек шесть по подозрению упрячете да месяца по четыре держите. Помните, здесь не мужики!

Тонкий нос Казаринова покраснел.

— Я всегда действую по убеждению, Виктор Андреевич, и в настоящем деле я не постесняюсь, если это будет надо.

— Ну, ну, вот вы и вспылили, — добродушно сказал Гурьев, — ведь я же для вашей пользы...

И они пошли к могиле, где уже совершался последний погребальный обряд.

# X

В доме Деруновых все было вверх дном. В кабинете покойника, вернее, убитого, прокурор, следователь, судебный пристав и, как чиновник губернатора, Анохов производили опись бумагам. Анохов с побледневшим лицом слушал слащавый голос следователя, когда тот, держа в руках толстую пачку векселей, диктовал фамилии векселедателей и суммы долга своему Лапе и приставу. Анохов тоже заносил эти фамилии на лист бумаги, в то время как Гурьев, лежа на диване со скучающим видом, чистил ногти.

— Евстигнеев 800 рублей; Семоненко 2 тысячи 500! Пурышев...

— Черт возьми, — прервал его прокурор, — почти весь уезд был в его лапах!...

"Не скрыть, не скрыть, — с ужасом думал Анохов, — он переберет их и передаст приставу, а тот, каналья, перевяжет их и присургучит". Но его ужас сменялся то проблеском надежды, то смутным тревожным подозрением по мере чтения следователя. Пачка приходила к концу, а имени Можаева все еще не появлялось в списке.

В это же время в столовой, гостиной, зале и других комнатах прислуга завертывала бумагой люстры, канделябры, картины, надевала чехлы на мебель; в комнате Анны Ивановны в детской шла торопливая укладка.

Анна Ивановна уезжала к Можаевым на лето. Силин метался по комнатам, отдавая приказания, следя за их исполнением, забегая то в кабинет — в роли хозяина, то к сестре — в роли заботливого брата. Суетилась и Вера Сергеевна, которой хотелось как можно скорее увести своего друга дальше от печальных воспоминаний, и только сама Анна Ивановна безучастно сидела на веранде. Лицо ее осунулось и побледнело, глаза ввалились и, окруженные синевою, казались огромными. Словно Анна Ивановна перенесла тяжкую болезнь.

И она, вероятно, предпочла бы всякую болезнь, даже смертельную, этому неожиданному удару.

Человек расстался с жизнью без покаяния, не простив людям и не прощенный ими. Может быть, за час, за минуту она роптала на него и корила его; может быть, даже в тот момент, когда над ним, отцом ее Лизы, была занесена рука убийцы, она желала от него избавиться. При этой мысли нервный комок подкатывался к ее горлу, душил ее, и она вся трепетала от суеверного страха. И кто убийцы?.. В тот день на этой же веранде... так же светило солнце... из сада доносился голос Лизы, и вдруг явился он! Он! В ту самую минуту, когда она о нем думала! Как пылало его лицо, как сверкали его глаза... Разве можно забыть такое лицо? И когда он заговорил, разве не был голос его полон угрозы? Она ведь знает, как он вспыльчив, он все мог, все!... Нет, не из-за угла; но если они ночью встретились и он вспылил... и разве он не грозил?.. И все она!... Изменница, клятвопреступница... Разве была она честной женою, всегда ропща и тоскуя? И вот — казнь!...

Она в изнеможении прислонила голову к высокой спинке венского кресла.

— Анна Ивановна, — на веранду вышла разгоряченная от суеты Вера Сергеевна, — я Лизино все имущество забираю. И теплое, потому что... — Но, увидев, что Анна Ивановна делает усилие улыбнуться ей сквозь слезы, она подбежала к ней и заговорила с тревогой: — Опять, опять! Душечка, милая вы моя, да когда же вы перестанете так убиваться? Ну, что с вами, что пришло опять на память? Какие грехи? — она стала подле нее на колени и гладила ее бледные руки. Анна Ивановна поборола свою тоску и улыбнулась.

— Добрая девочка, — тихо сказала она, — и за что вы так меня полюбили?

— За все! — ответила Вера. — С вами с одной я чувствую себя так же свободно, как наедине с собой. И знаете, — впрочем, я уже говорила вам об этом, — я полюбила вас еще тогда, когда вы кончали гимназию, а я еще была маленькой девчонкой в шестом классе. Вон когда!

Анна Ивановна нежно положила свою руку на ее голову.

— Золотое сердце, вы для меня столько сделали в эти дни, что я не заплачу вам всей жизнью...

— Тсс! — Вера подняла кверху палец. — Об этом ни слова! Когда мы переедем к нам, тогда я спрошу у вас расчет. Прежде всего вы должны будете много есть, — Вера отогнула палец, —

потом... Что вам, Иван, надобно? — прервала она свою речь, увидя стоящего в дверях Ивана.

— Виват, — сказал он, переминаясь, — там барыню просят, хотят беспременно видеть...

— Кто? — спросила Анна Ивановна. Вера поднялась с колений, но еще не разжала руки с одним отогнутым пальцем.

Иван опять замялся.

— Все они-с, Николай Петрович! Шумят!

— Он! — вздрогнув всем телом, воскликнула Анна и торопливо, испуганно сказала: — Нет, нет, только не теперь! Скажите, что не могу... скажите — больна, занята!... Вера! — она судорожно схватила ее за руку; Вера испугалась, увидев ее побледневшее лицо. — Скажите ему, подите сами. Скажите, что я не могу... чтобы он уехал. Да! — прибавила она твердо. — Уехал, уехал! — и, толкнув Веру, она снова опустилась в кресло в полном изнеможении.

Вера немедля, почти вслед за Иваном, вошла в гостиную и там увидела Николая. Он ходил и, смеясь, разговаривал с Силиным. Его смех после волнения Анны возмутил Веру. Она вся вспыхнула, окликнув его, но тотчас смутилась, увидев его лицо. Оно было радостно, когда он обернулся, и вдруг побледнело, словно вся кровь сразу отлила от него, а глаза растерянно устремились на Веру. Он даже не поздоровался с нею.

— Вы от Анны Ивановны? Что с ней? Она примет?

— Нет! — ответила Вера. — Она больна, она никого не может видеть, а вас... — она запнулась.

— В особенности? — с горечью подсказал Николай, и глаза его сверкнули.

— Нет! — тряхнув головою, решительно ответила Вера. — Она просит вас уехать.

Николай отшатнулся и повторил:

— Уехать?

Вера, совсем смутившись, только кивнула ему.

— Нет, нет и нет! — сказал он резко. — Я сейчас не буду назойлив, но я должен видеть Анну Ивановну и говорить с нею!

Иван стоял в дверях, и по губам его скользила насмешливая улыбка.

Силин с удивлением смотрел то на Николая, то на Веру, и, когда та поспешно ушла из комнаты, он обратился к Николаю:

— С чего ты разорался, скажи на милость? Вот уж не думал-то! — он покачал головою и, подмигивая, прибавил: — Пережди! А ты сразу в карьер!...

Николай, не слушая его, повернулся и быстро пошел к сеням. У двери, будто возясь с ключом, его задержал Иван.

— Барыня думает, что это ваше дело, — произнес он тихо, но четко. Николай замер и гневно взглянул на Ивана; тот смотрел ему прямо в глаза, и в его взгляде Николай опять увидел непримиримую злобу.

— Да и мне тоже сдается, — добавил он нагло, распахивая дверь, — пожалуйте!

— Каналья! — задыхаясь, сказал Николай и с силою ударил по наглому лицу лакея.

В ту же минуту он одумался и растерянно остановился.

— Иван, простите меня! — виновато произнес он, но Иван, зажав нос рукою, сквозь пальцы которой сочилась кровь, свистящим от злобы голосом ответил:

— Помилуйте, Николай Петрович, нешто мы люди. Нас только бить можно да мораль про нас пущать. Смеем ли мы... — и, быстро повернувшись, оставил сени.

В страшном упадке настроения вернулся домой Николай.

— Ты там был? — с укором и тревогою спросил его Яков.

Николай швырнул шляпу.

— Там! Все меня подозревают, все! Даже их хам, Иван! Я ему морду разбил!

— Николай?!

— Да, да! Так-таки и разбил! И жалею, что мало. Она не приняла, выслала Веру Сергеевну сказать: уезжайте! А этот скот вдруг мне в лицо: "Барыня думает, что вы, да и я то же думаю". Я — бац! Ах! — он схватился руками за голову. — Если Захаров завтра не признается, я пойду и сам донесу на него. Я не могу больше, не могу! Она завтра едет. Черт! — он топнул ногою. — Я не могу ехать за нею. Яша, что мне делать? — он опустился на стул и обхватил голову руками.

— Ждать, — ответил Яков, — успокоиться и ждать. Ты так волнуешься, что тебя можно счесть за убийцу. И из-за чего? — добавил он задумчиво.

— Из-за всей жизни! — пылко ответил Николай. — Ты или не знаешь, или не можешь понять этого!

— Мне кажется, — сказал Яков, — есть вещи в жизни, которые не берутся с бою. И потом, зачем тебе ее сейчас надо видеть?

— Убедить, что не я!

— Захаров скажет, и все объяснится.

— Ну, а мне тяжела каждая минута сомнения.

— Почем ты знаешь ее мысли?

— Я чувствую! В последний раз я был так резок...

70

— Замечательно, — с грустным, ласковым укором сказал Яков, — все время ты склоняешь я: я, меня, мне. Подумай же и о ней. Пусть она подозревает; значит, ты ей теперь ужасен. Так? Не пугай же ее; дай отдохнуть ее душе. А у тебя только ты! — Яков резко встал со стула и прошел в контору, где Грузов с усиленным вниманием разграфлял лист бумаги.

Николай долго смотрел на дверь, за которую вышел его брат, и сердце его смягчилось, и волнение вдруг успокоилось. Он грустно улыбнулся.

"Брат прав, — подумал он, — я часто упоминаю себя, но я же не эгоист! Если бы он мог понять, что тут на карту поставлена моя жизнь. Он проиграл свою, потому что я не верю ни в его покой, ни в его личное счастье... Но я хочу его, этого счастья! Неужели в этом эгоизм? Разве я ищу его за счет несчастия ближнего?.."

Он ушел в свою комнату. Грусть охватила его жгучею силою, он взял перо и стал описывать свое состояние. В это время прислуга подала ему письмо. Он разорвал конверт. Писал Полозов, редактор "Листка".

"Уважаемый, послезавтра ваш день, а от вас ни строки. Впереди еще цензор! Бога ради, пришлите завтра".

— Будет! — сказал он громко прислуге, ждавшей ответа, и усмехнулся.

Лучшее успокоение! Да, хорошо быть писателем: у него всегда есть шлюзы для спуска с избытком нахлынувших на душу ощущений!

Вечером он распахнул окно и лег на подоконник грудью. Полная луна выплыла на небо и светила ослепительно ярко. Николай смотрел на резкие тени, ложащиеся на дорожку от деревьев, и вдруг испугался. Тень высокого тополя легла у входа подле калитки, и Николаю на мгновение почудилось, что это труп Дерунова. Холодный пот выступил на его лице. Он вспомнил страшную ночь, потом задумался над мучительной смертью Дерунова, потом вдруг ему вспомнилось изречение из прописей: "Добрые дела не остаются без награды"; промелькнула в памяти история жизни Дерунова; страдания Ани; свои личные; что-то роковое, вдруг разразившееся над ними, и он поспешно зажег огонь, сел к столу и на приготовленной бумаге четко написал заглавие фельетона: "Казнь".

Яков сидел в своей вышке и наслаждался ночью. Наблюдать небо было неудобно — слишком ярко светила луна и облака быстро и бестолково носились по небу, то очищая весь свод, то вдруг заполняя его, точно испуганное стадо.

Яков навел телескоп на одну звезду и долго смотрел на нее.

Скромный Альдебаран из созвездия Тельца светил ему кротким блеском. Он любил эту звезду. Когда-то, гуляя с любимой девушкой, он долго вместе с нею любовался ею, и девушка, охваченная внезапным порывом восторга, сказала: "Пусть эта звезда будет наша!" Наша! Как мусульманин, молясь, смотрит на восток, так Яков, заканчивая свой скучный день, обращал последний свой взгляд на эту звезду, думая, что, может быть, он смотрит на нее в одно время с нею... из года в год уже много лет! Звезда все так же смотрит с неба, бесстрастно мерцая; повторяются душные летние чарующие ночи, но то, что было, прошло безвозвратно и никогда не повторится вновь.

Они были молоды и верили в счастье. Она уехала в Петербург, чтобы потом, когда он обеспечит свой день, вернуться к нему; уехала и - вышла замуж.

Яков вздохнул. Пусть она будет счастлива и покойна... Николай говорит, что он высушил свое сердце... Глупый мальчик!...

При мысли о нем он взволновался. Нелегко ему теперь, бедному! Чуткий, отзывчивый, неустойчивый, он весь отдается впечатлениям минуты и теперь переживает действительно страдания, хотя, быть может, завтра... Яков недовольно перебил себя. Нет, и завтра то же. Он верен в своих чувствах, хотя и легкомыслен порою.

Яков встал, спустился вниз и, подойдя к комнате брата, постучался.

— Войди! — бодрым голосом ответил ему Николай. Яков не узнал брата. Лицо его будто лучилось; он торопливо собирал листки исписанной бумаги и, взглянув на брата, засмеялся. — Я сейчас окончил фельетон для "Листка" и доволен своею работой. Ты думал меня увидеть убитым и утешать, а я теперь сильнее, чем когда-либо. Наш Святогор-богатырь, прикасаясь к земле, получал силу; писатель черпает ее, изведя несколько листов бумаги.

Яков сел подле стола.

— Мне очень приятно видеть тебя таким молодцом. Трудно бороться с тем, что вне нас и нашей воли; но то, что в нас, всегда победимо.

— Хотя бы на время... до первой бессонницы.

— А ты работай, ходи больше, утомляйся — и не узнаешь бессонницы.

— Bene![1] — шутя ответил Николай. — Пойдем есть и за едой составим рецепт беспечального бытия!

Он встал и потянулся.

— У Некрасова есть строка: "Труд всегда меня животворил". Я всегда ее понимал, испытывал животворную силу труда на себе самом, и все-таки лентяй. Почему это?

— Потому что ты никогда себя не дисциплинировал. Ты распущен...

— Идем есть! — перебил его Николай. — Жизнь — дорога, я — повозка, желанья — кони, разум — кучер и воля — вожжи. У меня гнилые вожжи и полупьяный кучер, кони мчат через поля и ухабы, шарахаются в стороны, но в конце концов где-нибудь и станут, разбитые на все ноги... А она едет, — вдруг помрачнел он, — как мне грустно, Яша!...

Анна Ивановна действительно ехала в это время в просторной коляске рядом с Верою. Впереди сидела нянька со спящей Лизой на руках и девушка-служанка Можаевых.

Вера дремала, прислонясь головою к плечу Анны Ивановны, которая сидела, прижавшись в угол, и смотрела на облака, беспорядочно мятущиеся по небу. Как облака, мелькали в уме ее мысли, одна другой безнадежнее и печальней.

Странно. Когда муж был жив, она мечтала, на что-то надеялась, чего-то ждала. Теперь же вдруг словно оборвалось все разом; как огромная лавина, обрушившись на ветхую лачугу, стирает ее в порошок — так страшная смерть его разбила разом все ее мечты и надежды, погрузив ее сразу в беспросветный мрак и отчаянье. Не будь Лизы, она бы не задумалась... Нет, это страшно! Она просто ушла бы в монастырь и осталась бы там замаливать грехи своей мысли...

Сзади в коляске ехали Можаевы, муж и жена. Он крепко спал, несмотря на толчки неровной дороги, а она, как и ее гостья, терзалась тоскою, столь же сильною, хотя иного характера. Анохов успел ей написать. Векселей в бумагах Дерунова не оказалось, к нотариусу он их не отдавал, они исчезли. В наскоро набросанной записке чувствовалась тревога, и эта тревога передалась и Елизавете Борисовне. Она хмурила брови и с тоскою глядела на безмятежно спокойное лицо своего мужа, перед которым она была преступница, воровка, женщина, недостойная носить его имя.

Ах, скорей бы! И она стала думать о том времени, когда Анохов позовет ее за собою и она разом сбросит с себя

---

[1] Хорошо (лат.).

73

ненавистные цепи лжи и притворства. Минутами ей и так казалось, что она не выдержит такой жизни, продлись она еще немного, а тут еще новое осложнение с этими векселями.

# XI

Лушка заглянула в кабинет и, отойдя от двери, перекрестилась. С нами крестная сила, что еще будет дальше!...

По просьбе барыни и кондитера Воробьева, к которому она испытывала бурную страсть, Лушка решилась дослужить у Захаровых: быть при квартире и наблюдать за барином. Но каждый раз, заглядывая к нему, она пугалась не на шутку и успокаивала себя только тем, что шла к барынину комоду, шкафам или буфету и выбирала вещь позанятнее для своего будущего очага, у которого она приютится вскоре с Воробьевым.

Вначале Захаров поражал ее своей неподвижностью. Он лежал на диване, как чурбан, не поворачиваясь даже, и, если бы не глубокие вздохи, Лушка приняла бы его за мертвого.

А потом он насмерть напугал ее. Вот уже почти сутки он бегает как полоумный по комнате, говорит сам с собою, машет руками, грозит кому-то. И не приведи Бог, увидит Лушку, что притаилась за дверью, — конец ей! Лушка крестилась, дрожала и потом как ошалелая бежала в барынину комнату, но через несколько минут любопытство пересиливало страх, и она снова кралась к кабинету.

— Пес, развратник! — исступленно хрипел Захаров и взмахивал своей огромною рукою. — Я не могу простить! Не могу! Кайся!

Он буянил с самого вечера. Лушка увязала изрядный узел, сходила к полковнице и там донесла обо всем своей барыне, снесла узел к кондитеру, вернулась — а он все бегал по комнате и исступленно махал руками.

Но когда на другое утро Лушка увидала его, сидящего у стола и торопливо перебирающего бумаги, сердце ее наполнилось небывалым ужасом.

"Не иначе как перед смертью", — подумала она, взглянув на клочки бумаг, как снег устилавшие пол комнаты. Но скоро она забыла свой страх, увлеченная переборкою барыниных вещей. Держа в руках сорочку с хитрой кокеткою, она собиралась присоединить ее к небольшой кучке отложенных вещей, когда вдруг услышала над собою хриплый голос:

— Слушай!

— Ай! — взвизгнула Лушка и присела на пол. Над нею стоял Захаров; глаза его смотрели куда-то вдаль, как-то странно разбегаясь и снова устанавливаясь в одну точку; сам он словно к чему-то прислушивался и в то же время, не замечая Лушку, говорил ей хриплым шепотом:

— Иди и скажи своей гадине, что все!... Я решил. Мой суд — и надо мной суд. Я не вернусь сюда больше, а она пусть здесь. Все ее! Я не страшный теперь... Скажи — иду!...

Лушка очнулась от страха, подняла голову и увидела выходящего на улицу барина. Она быстро поднялась и выглянула за ним вслед. Он шел низко опустив голову, о чем-то рассуждая с собою, потому что махал руками.

— Топиться, вот тебе крест, топиться! — решила Лушка и, бросившись в комнаты, начала брать все, что попало под руку, и торопливо увязывать в узел...

. . . . . . . . . . . . . . . . . . . . . . . . . . . . . .

Правительственная машина была запущена в ход. Важные чиновники сидели в своих кабинетах, важно курили папиросы и, судя по неподвижности их тел, вероятно, думали о важных делах; менее важные чиновники собирались кучками, как мухи на сахар, и передавали впечатления от вчерашнего дня; мелкая сошка быстро и неутомимо скрипела перьями, составляя отношения, перебеляя доклады и исписывая ворохи бумаги; а в приемной, изнывая от жары и томления, сидели просители, едва слышным шепотом нарушая торжественную тишину пустынной комнаты, в дверях которой стоял апатичный курьер, лениво позевывая и презрительно, нехотя отвечая на вопросы просителей.

В большой, высокой комнате со стенами, окрашенными масляной краской, за огромным письменным столом сидел Сергей Герасимович Казаринов, а невдалеке от него, за меньшим столом, — его письмоводитель и помощник Алексей Дмитриевич Лапа.

Вот уже неделя, как они все свое время проводили в поисках истины, а попутно и убийцы Дерунова. Лапа только что окончил сонным голосом чтение последних снятых показаний; Казаринов протер очки, зацепил их снова за уши и встал из-за стола, извиваясь своим тонким станом.

— И все-таки нет ничего ясного! Показания вдовы убитого, его зятя, прислуги, сослуживцев и - никакого света! Что вы ни говорите, мой прием вернее, не спорьте! (Лапа и не думал спорить, сонно качая головою над бумагами.) Всех по очереди! Убийца Яков Долинин, не качайте головою, я знаю, что не он! Но для начала я подозреваю его, спрашиваю и выясняю истину; далее — Весенин, прислуга, Николай Долинин и Грузов. О, за этого еще надо приняться! — он прошел по комнате и спросил: — Кого сегодня еще вызывали?

— Ивана Кочетова, — ответил Лапа и пояснил: — Лакей Дерунова, угрюмый парень, что вчера подавал нам завтрак.

— Ну, — следователь махнул рукою, — хоть и не спрашивай! Он обошел стол, сел на место и тяжело вздохнул:

— А председатель торопит, прокурор тоже. Вы того дурака видели, Алексей Дмитриевич?

— А? Что? — проснулся Лапа.

— Зачем вы это всегда переспрашиваете? — раздражился следователь. — Силина, говорю, видели?

— Видел, — лениво ответил Лапа.

— Ну и что же сказали ему?

— Что все нити у вас в руках, что вы заняты установкою фактов — и тогда...

— Так, так, — закивал следователь, — отлично! Так пишут историю! — сказал он и позвонил. — Иван Кочетов здесь? — спросил он сторожа.

— Полчаса уже сидит.

— Веди его!

В комнате появился Иван; он был одет франтовато в парусиновую тройку; цепь с брелоками висела на его жилете, и среди брелоков выделялся огромный костяной череп.

Он угрюмо поклонился и остановился в выжидательной позе, отставив ногу и слегка наклонив голову.

— Подойдите ближе! — сказал Казаринов. Иван нехотя сделал два шага. — Вы Иван Кочетов?

— Я самый!

— Сколько вам лет?

— Двадцать восемь!

— Вы давно служите у Деруновых?

— Десять лет, еще барин поженившись не были.

— Ну-с, отлично! Теперь что вы можете сказать про своего покойного барина? Охарактеризовать его? Что, он добрый был барин, ласковый? — Казаринов поправил на носу очки с синими стеклами.

Тот помялся, потом решительно шагнул к столу, заложив руки за спину, и сказал:

— Хочу одно заявить, что убийца мне доподлинно известен!

Даже Лапа поднял голову и взглянул на Ивана, а Казаринов откинулся к спинке кресла от неожиданности и некоторое время смотрел растерянно. Но следователь не должен ничему удивляться, и Казаринов поспешил принять невозмутимый вид.

— Вы знаете убийцу? — сказал он. — Кто же это?

Иван переступил с ноги на ногу.

— А не кто другой, как господин Долинин Николай Петрович! Потому как они...

Казаринов выразительно взглянул на Лапу, но Лапа сидел опустив глаза; Казаринов кивнул Ивану, и тот, откашлявшись, продолжал:

— Потому нам доподлинно известно, что они, Николай Петрович, допрежь нашего барина любили нашу барыню, а она их. И как они вернулись, то очень серчали. И потом, как наш барин узнал про нашу барыню, то сейчас велел нашей барыне, чтобы им отказ, значит, от дому. Я и письмо носил.

— То есть Дерунов отказал от дому Долинину?

— Так точно, я и письмо носил!

— Ну-с, и потом...

— И сейчас на другой день Николай Петрович к нам не в себе прибежали; барина дома не было, они к барыне и там очень кричали, а потом назад в забытьи...

— Что значит — в забытьи?..

— Вне себя, — пояснил Иван, — бегут это, руками машут и без шляпы по солнцу. Я им вслед смотрю, а они с нашим барином встретились и кулаком на него...

Иван замолчал.

— Ну? — спросил следователь.

— А вечером барина и убили...

Следователь нахмурился.

— Почему же вы думаете, что это он?

— Кто же еще? Я наверное могу сказать, что они. Потому ненависть и, опять, по любви...

— Ну, а знать-то вы ничего больше не знаете?

Иван обиделся.

— За руки нашего барина не держал, когда они его убивали, — ответил он, — чего еще надо! Я сказал, чтобы, значит, совесть очистить, а там ваше дело.

Он сделал движение, собираясь уйти.

— Подождите в коридоре немного. Я вас еще спрошу, — сказал следователь и позвонил.

Иван развязно поклонился и вышел.

— Ну, Алексей Дмитриевич, что вы скажете? Есть основания? — произнес следователь, обращаясь к Лапе.

— А? Что?

— Я говорю, недаром я подозревал этого столичного франта?

— Врет все, — сказал Лапа.

Казаринов откинулся к спинке стула.

— Позвольте, к чему это вранье? Какая выгода?

— Не знаю...

Следователь пожал плечами. В дверь заглянул сторож.

— Чего тебе?

— Господин какой-то, — сказал сторож, — желает видеть. Говорит, очень нужно.

— Что ему? Как фамилия? — недовольно спросил следователь.

— Вот дал, — сторож подал следователю карточку.

— Захаров, — прочел следователь и вопросительно взглянул на Лапу. Услышав фамилию, Лапа моментально проснулся.

— Примите! — сказал он торопливо. Следователь с удивлением взглянул на своего письмоводителя.

— Проси! — приказал он сторожу.

Сторож скрылся, и на его место явился Захаров. Измученное лицо его с темными кругами под глазами было серьезно и покойно. Он приветственно кивнул головою и, подойдя к столу Казаринова, спросил его:

— Вы следователь, который занят убийством Дерунова?

Казаринов пытливо глядел на него и молча кивнул в ответ.

— Тогда арестуйте меня. Я убийца! — выпалил Захаров и, опустившись на стул, стал вытирать вдруг вспотевшее лицо.

Лапа, словно в ответ на свои мысли, несколько раз покачал головою, а Казаринов сперва выпрямился, потом согнулся, словно на пружинной спирали, потом стал в смущении протирать стекла и, наконец, сказал растерянно:

— Как же... вы?..

— Я ходил в полицию, да пристава не было; я к вам, чтобы скорее, — ответил нехотя Захаров.

— Но как же это вы?

— Убил-то?.. Ручкой револьвера. В голову!

Захаров сделал жест. Следователь вздрогнул.

— В висок?

— В висок!

— Алексей Дмитриевич! — окликнул Казаринов, но Лапа уже быстро писал. Казаринов оправился. На лице его даже мелькнула улыбка, и, поправив очки, он очень вежливо предложил Захарову папиросу, сказал, что с его стороны очень благородно облегчить задачи правосудия, и стал предлагать вопросы. Захаров отвечал четко и ясно.

Он вышел из дому и взял револьвер с намерением убить Дерунова. Перед этим он очень волновался. Встретив Дерунова...

— Где?

— Где? Известно, на улице! — недовольный, что его перебили, ответил Захаров.

Следователь поспешил его задобрить.

— Простите! Совершенно верно! Вероятно, подле конторы нотариуса?

— Подле конторы, — ответил Захаров и продолжал свой рассказ. Он говорил плавно, без волнения, усталым голосом.

Встретив Дерунова, он затеял ссору и выстрелил в него. То есть хотел, но револьвер оказался без зарядов; тогда он ударил его. Раз, раз!

— Где же этот револьвер?

— Я его кинул в речку.

— Для чего же вы перенесли труп в палисадник?

Захаров помолчал, словно обдумывая.

— Так! — ответил он. — Перенес!

— Отлично! — сказал следователь, хотя никто бы другой не усмотрел в этом ничего даже просто хорошего. — Ну, а за что вы его?.. — и следователь сделал игривый жест, но тотчас в страхе съежился. Лицо Захарова вдруг исказилось ненавистью. Тяжелый кулак с грохотом опустился на стол, и он порывисто ответил:

— Никому нет до этого дела! Я знаю! Убил — и баста! Оживет, снова убью! Двадцать раз, сто раз убью!

— Так, так, извините! — закивал головою следователь. — Я для вас, собственно, а мне-то что?

— Мое дело! — успокоившись, повторил Захаров.

— Конечно, конечно! — следователь наклонился и стал быстро писать, после чего позвонил в приемную. — Позови того, Ивана Кочетова, — приказал он сторожу, подавая ему написанный лист, и переглянулся с Лапою.

Иван вошел и вопросительно воззрился на следователя.

— Ты что же, продолжаешь обвинять Долинина? — спросил следователь.

— Врет! — быстро сказал Захаров. Следователь махнул ему рукою, а Иван со злобою взглянул на него и, отвернувшись, ответил:

— Собственно, как я рассуждаю, беспременно они, потому что...

— А вот они сознались в убийстве, — сказал Казаринов, — ты их знаешь?

Иван в изумлении отступил. Взор его с полным немоумением устремился на Захарова, и он словно растерялся от неожиданности. Потом оправился.

— Не может быть, они это так, — сказал он твердо.

Захаров вскочил.

— Я, я! — закричал он, ударяя себя в грудь.

Лапа внимательно посмотрел на них обоих и снова погрузился в полусон.

— Их дело! — пожав плечами, ответил Иван.

— Ты их знаешь? — повторил Казаринов.

— Как же-с! — усмехнулся Иван. — Только барин с ними знаком не был.

Казаринов кивнул.

— Теперь можешь идти, но не уезжай из города, я тебя еще вызову! — сказал он.

Иван поклонился и вышел.

— Господин Захаров, я вас уж арестую! — ласково сказал следователь.

— Я знаю! — ответил Захаров. Казаринов позвонил:

— Готово?

— Шестнадцатый нумер — ответил сторож.

— Проводи господина Захарова!

Тот равнодушно повернулся и вышел в сопровождении сторожа.

— Вот это счастье! — Казаринов потер от удовольствия руки. — Пришел сам с повинной! Как вы думаете, из-за каких причин?

— Дерунов жил с его женою, — ответил Лапа.

— А-а! — протянул Казаринов и вздохнул: — Да, женщины! Всегда женщины! — правило Лекока — золотое правило!

Но Лапа, видимо, не разделял восторга Казаринова; перед уходом домой он долго рылся в архиве суда и достал оттуда тоненькое дело в синей обложке.

Придя домой, он облачился в халат и долго читал это маленькое дело, ухмылялся, качал головою и, вынув тетрадь, стал делать в ней выписки. Феня несколько раз заглядывала к нему и каждый раз уходила, надув губы. Наконец, не выдержав, она окликнула его.

— А? Что?

— Фу-ты! Вы и за работой спите, что ли? — рассердилась Феня. — Самовар подавать?

— Подай, радость моя, подай!

Она подошла к нему совсем близко.

— А правда, Алексей Димитриевич, что Александр Никитич в убивстве признался? — замирающим шепотом спросила она.

— Правда, красавица ты моя, правда! — ответил Лапа, не смотря на нее и старательно подчеркивая карандашом какую-то строчку.

Феня ойкнула и убежала из комнаты.

Минуту спустя ойкнула Луша, ойкали Захарова и почтенная ее матушка, а Лапа, на мгновенье прислушавшись к этому общему визгу, улыбнулся и снова углубился в интересовавшее его дело.

Феня подала самовар, заварила чай и налила ему стакан. Прихлебывая чай, Лапа отложил в сторону дело, но оно не покидало его головы, светилось в глазах, отражалось в таинственной улыбке, и когда он пил чай, то казалось, что и в чае есть это дело, в растворенном виде.

# XII

В провинциальном городе лучшее время для тайного свидания — полдень. Вечером везде много гуляющих, естественно праздное любопытство; глаза кумушек лучше видят, уши лучше слышат, и фантазия по канве самых обыденных явлений жизни ткет такие узоры, что даже "романистам" из "Листков" не снится ничего подобного. Утром чиновники и рабочие идут на работу, хозяйки и прислуга тащатся на базар, и каждый для "свежей новости" готов из пустой встречи создать сенсационное происшествие. Но в полдень, особенно в летний, жгучий полдень, все спит: чиновник над бумагами, рабочие на берегу, приказчик в лавке, даже будочники спят, прислонясь спиною или плечом к какому-нибудь стояку, даже собаки найдут тенистое место под покосившимся забором. И преступная жена в это время может свободно идти к своему любовнику, заговорщики — совещаться, воры сбивать шайки и идти ограблять хоть местный собор.

Человек, написавший уже третье письмо Анохову, вероятно, знал досконально провинциальный распорядок жизни, назначая ему свидание в городском сквере между двенадцатью и часом, и Анохов, в светлой чесучовой тройке, в легкой соломенной шляпе, с камышовой тростью в руке, сидел в назначенное время, как есть, на той скамье, перед которой неделю назад стоял Дерунов, сгорая вожделением к чувственной Захаровой. Он выкурил уже три папиросы и, то и дело вытирая пот своего чела носовым платком, вырыл перед собою концом трости довольно глубокую яму, что свидетельствовало об его нетерпении, когда в конце аллеи показался господин в белой фуражке, серых брюках и синей визитке, с изящно расчесанными баками и колеблющимся при каждом шаге пенсне на красноватом носу.

Анохов, словно вгоняя назад выкопанное из ямы невидимое существо, ударил тростью по яме, встал и решительно подошел к появившемуся господину:

— Не зная вашего почерка, тем не менее твердо уверен, что вы — автор анонимных писем, а потому что вам угодно от меня?

Господин в пенсне изящно приподнял фуражку и, делая полупоклон, ответил:

— Изволили не ошибиться. Позвольте рекомендоваться: Никодим Алексеевич Косяков, некогда богатый человек, теперь частный ходатай по мировым учреждениям! Говорю это, собственно, потому, — добавил он, надевая фуражку, — что в нашем городе немыслимо сохранить инкогнито, и лично предпочитаю открытый образ действий.

Анохов нетерпеливо передернул плечами.

— Мне все равно, кто вы, я хочу знать только, чего ради вы писали ко мне свои наглые письма?

Он сел на скамью и стал опять выкапывать из ямы невидимое существо, а Косяков остановился перед ним, точь-в-точь как неделю назад Дерунов перед Захаровой.

— Хе-хе! — усмехнулся он, качаясь с носков на пятки и обратно. — Догадаться не трудно. Получив первое письмо, вы швырнули его, второе — тоже, хотя — как говорят ворожеи — на сердце у вас была тяжелая дума. Не для того ли, чтобы отвязаться от нее, вы вчера вместе с судейскими рылись в бумагах покойника? Хе-хе-хе! И не мелькнуло ли у вас кой-какой мысли, когда вы так аккуратно (Косяков раскланялся) пришли по третьем зову. Хе-хе-хе!

Анохов нахмурился и снова ударил тростью по невидимому существу.

— Я не понимаю вас, говорите яснее, — глухо сказал он.

Косяков почтительно поклонился.

— Допустим, что одна леди (я говорю предположительно) писала векселя и выставляла на них бланки своего супруга. Допустим далее, что эти векселя находятся в известном месте, из которого, по моему желанию, могут быть или отданы за приличное вознаграждение, или представлены судебному приставу?

Анохов копал яму, забрасывал ее песком, колотил по ней тростью и снова копал.

— Не могу понять, какое эта история имеет отношение ко мне?

Косяков снова поклонился.

— Продолжаю аллегорию. Может быть, леди была увлечена каким-нибудь джентльменом. Может быть, бланки на векселях проставлялись более ловкою рукою этого джентльмена... Позвольте!

Косяков отскочил и заслонился рукою, потому что Анохов вдруг поднялся со скамьи и поднял трость. Лицо его было бледно, пот покрыл горячий лоб, но он сдержался и, воткнув трость в выкопанную яму, сказал с усилием:

— Не беспокойтесь, это я так. Продолжайте!

— Я против этого "так"! — грубо, оправясь от страха, ответил Косяков. — И не позволю к себе такого отношения. Бросим аллегории!

Анохов кивнул головою.

— Вы приходили справляться о векселях; значит, они вас интересуют. Вы знаете и эту леди, и этого джентльмена. Мои условия: сегодня вечером пятьдесят рублей за молчание в течение недели, и так каждую неделю, пока вы их не выкупите. Вот-с!

Анохов стоял против него. С трудом переведя дух, он сказал:

— Я интересовался ими, потому что тут замешаны мои друзья, и...

— Передайте это своим друзьям, — перебил грубо Косяков, — я мог обратиться к ней, но я знаю светское обращение!... Передайте друзьям!

— Но вы знаете, с кем вы говорите, — вспыхнул Анохов, — я могу устроить вам высылку, и потом, потом... — вдруг перебил он себя, бледнея и отшатываясь от Косякова, — как вы достали их? Вы причастны к убийству! Берегитесь! — он потряс тростью.

Косяков насмешливо отмахнулся.

— Обвините меня в убийстве! — сказал он. — От нелепого обвинения оправдаться всегда легко, но векселя уже наверное тогда огласятся. А выслать меня? Я законник, милостивый государь мой, и знаю, что можно и чего нельзя. Вот за шантаж меня можно посадить на скамью подсудимых, но... — и он засмеялся.

Анохов закусил нижнюю губу. Косяков взглянул на него, поправил пенсне и, приподняв фуражку, сказал:

— До свиданья, до вечера! Если я не застану вас здесь с пятьюдесятью рублями в восемь часов, я обращусь к леди, ну а там! — он надел фуражку и, равнодушно посвистывая, медленно пошел от Анохова.

Анохов с тупым отчаяньем посмотрел ему вслед и бессильно опустился на скамью.

Вот откуда ударил гром! Какая-то темная личность, в руки которой какими-то темными путями попали эти несчастные векселя.

Анохов ясно увидел, что и он, и Елизавета Борисовна теперь во власти этого господина, что он будет мучить их до своей смерти — какой! — до их смерти, если они сразу не выкупят векселей.

Анохов с яростью ударил тростью о землю.

"К черту все!" — произнес он почти вслух, но тотчас покраснел от этой мысли.

Добро еще боролось с проникавшим в его слабую душу злом. Пусть даже нет более у него любви к этой сумасшедшей женщине, он вечный должник перед нею по долгу чести. Разве он не соучастник? Разве не для него она достала проклятые шесть тысяч, которые выросли до пятнадцати? Разве не он внушил ей эту подлую мысль?

Анохов поспешно встал и пошел к выходу.

Слабоволие и жажда наслаждений! Зачем он встретился с нею?.. Легкая интрига превратилась в крепкую связь, скованную преступлением... Чего бы не дал он, чтобы сгладить прошлое, забыть его!...

Он шел и бешено бил по земле тростью. Так негодяй, попавшийся в воровстве, кается в нем и злится, что пойман и уличен.

Анохов прямо прошел в канцелярию губернатора и занял там деньги, чтобы на неделю успокоить своего врага. "Но больше я не могу. Я не богач, я живу жалованьем и кругом должен, — сказал он сам себе, и у него опять мелькнула мысль: — Уехать, уехать... и как можно дальше!..."

Грузов сидел в конторе Долинина, проверяя реестровую

книгу, когда услышал тихий оклик. Подняв голову, он увидел за окном Косякова и, дружески кивнув ему, тотчас встал с места и прошел в столовую, в которой работал Долинин.

— Яков Петрович, — сказал он, — вы мне позволите сейчас уйти? В другой раз я больше...

Долинин махнул рукою.

— Идите, идите. Сегодня, вероятно, и не будет никого. Отберите только повестки, которые разослать надо.

Грузов простился и через несколько минут входил с Косяковым в трактир "Звезда", сохраняя таинственное молчание заговорщика и терпеливо ожидая рассказа Косякова.

Спустя добрый час времени они снова вышли на улицу и направились к своим палестинам, но теперь торжественная молчаливость сменилась веселым оживлением. У Грузова котелок был сбит на затылок, фуражка Косякова набекренилась. Они шли под руку. Косяков бойко выбрасывал ноги, словно сбивал по панели камешки, Грузов высоко подымал, ступая, свои колени, словно давал киселя кому-то невидимому, идущему впереди него. Оба они изрядно покачивались и, меняясь короткими фразами, заливались веселым смехом.

— Так припугнул? — спрашивал Грузов.

— У-ух как я его! — отвечал Косяков.

— Струсил?

— Дрожал как лист! Все, говорит, сделаю, не погубите карьеры!

— Ха-ха-ха!

— Наверное! Иначе ты знаешь? — Косяков останавливался и делал выразительный, но ему одному понятный жест рукою. Грузов радостно кивал, и они, взявшись под руку, снова продолжали свой путь.

В сенях своего домика они крепко поцеловались, и один вошел в дверь направо, а другой налево.

При входе Косякова больная жена его радостно заворочалась на месте и, смешав карты на столе, заговорила:

— Здравствуй, здравствуй! А я все гадала на тебя. Хорошо тебе будет, денег много, много. Только...

— Здравствуй, сорока! — снимая фуражку и идя за занавеску, ответил Косяков. — Значит, вела себя смирно, умницей и не плакала?

— Так, немножко, — ответила Софья Егоровна.

— Это с чего? Опять? — сердито откликнулся Косяков, причем за занавеской послышался треск кровати.

— Скучно мне, Никаша, — заговорила, оправдываясь,

женщина, — сидишь, сидишь. Гадаешь, а потом думаешь... Вот бы гулять пошла, на улице светло, светло...

— Глупости, пыль, жара, — вяло отозвался Косяков.

— По пыли бы ногами потопталась. Господи! И за что мне!... Опять, для тебя — вижу я - обуза обузой. Ни тебе хозяйкой, ни тебе женой. Урод, калека... умереть хочется. Лягу я в сырую землю в тесном гробу и буду лежать смирно-смирно...

— Будешь, будешь, — уже сквозь сон ответил Косяков и захрапел, а Софья Егоровна откинулась к спинке кресла, заломила руки в отчаянье и заплакала.

Спал и Грузов в своей крошечной комнате, предварительно намазав мазью верхнюю губу и наказав мамаше разбудить его к семи часам.

В семь часов он проснулся и, приведя себя в порядок, пошел к Косякову.

— Здравствуйте, здравствуйте, — радостно приветствовала его Софья Егоровна, — а вы за ним опять? Крикните ему, он и проснется. Я всегда его так бужу!

— Никанор! — крикнул Грузов.

— А? Что? Пора? — послышалось из-за занавески.

— Самый раз!

— Я мигом!

Косяков заворочался и через минуту вышел, натягивая на себя пиджак.

— Моя-то сорока, смотри, мне денег нагадала, — сказал он шутливо, — я ей за это орехов принесу.

— Принеси цветков мне. Я их поставлю и нюхать буду, а потом зажмурюсь и подумаю, что гуляю по лужку, — попросила Софья Егоровна, и лицо ее приняло мечтательное выражение.

— Фантазии все! Ну, да гадай лучше — и цветов принесу. Что нагадала еще? А?

Жена смутилась.

— Так, всякое...

Косяков взялся было уже за фуражку, но при ее словах остановился и сказал:

— Ну, что еще? Говори!

Она смутилась еще сильнее и едва слышно ответила:

— Так... глупости... будто казенный дом выходит...

Косяков вздрогнул. Как все невежественные люди, он был суеверен, и лицо его вдруг приняло сердитое выражение. Он подбежал к жене и торопливо стал собирать со стола карты.

— Казенный дом! — говорил он сердито. — Ах ты, глупая

сорока! Еще напророчь, проклятая. Вот тебе, поганая, вот! И не будет тебе карт!

Он хлопнул ее картами по носу и быстро переложил карты на комод. Софья Егоровна заплакала.

— Никаша, что же я без карт? Одна! Милый! Не сердись на меня, глупую. Никашечка!

Но он надел фуражку и сердито вышел из комнаты.

— Нет на нее смерти и нет! — сказал он, когда они вышли на улицу. — Да, теперь я ее в больницу отдам, и кончен бал! Сил нет! Острог нагадала, нате-ка!

— Брось! — успокаивал Грузов. — Гаданья — глупости.

— Все же неприятно! — ответил Косяков.

— Ну, ну, — остановил его Грузов, — что ты ему говорить будешь?

— Ему-то? — Косяков передернул плечами. — Я уже обещал ждать неделю и буду! Но тем временем мы можем к ней наведаться? А?

— Подождем, — ответил Грузов, — все-таки оно, знаешь, не того. Обещался и... вдруг...

— Как хочешь, как хочешь. Ну а через неделю снова.

— К нему?

— Ну да! Ты, собственно, прав, — Косяков тряхнул головою, — потому что он-то уж оповестил ее всенепременно.

Грузов был очень доволен его одобрением и улыбнулся.

— Надо все, чтобы по чести, — сказал он, — если он будет платить, пусть он; если откажется, пусть она. Они поймут, что имеют дело с порядочными людьми.

— Верно, друг, верно! — кивнув, сказал Косяков, но при этом так прищурил глаза, что, взгляни на него в эту минуту Грузов, и он смекнул бы, что дружба при делах — крайне непрочная связь.

— Иди же! — сказал Грузов, когда они дошли до сквера. — Я зайду в "Золотой якорь" и подожду тебя. Он уже, наверное, там!

— Лечу! Мигом!

Косяков рванулся и устремился в сквер, но едва он переступил за его ограду, как тотчас умерил свой шаг и принял вид наслаждающегося вечерней прохладой господина.

Анохов действительно уже ждал его.

— Вот ваши деньги, — сказал он брезгливо, подавая Косякову конверт и не отвечая на его поклон. — За них вы должны молчать неделю! Так?

Косяков поклонился.

— Можно вам верить?

Косяков выпрямился.

— Я беру от вас деньги не считая и верю вам. Верьте и вы моему слову! — гордо сказал он.

— Отлично! Пройдемте сюда, здесь темнее... Так! Ну, а за сколько вы продадите все векселя?

— Не торгуясь — за половину!

Анохов повернулся и пошел прочь от Косякова.

"Это еще милостиво, — думал он со злобною усмешкою, идя по направлению к вокзалу, — мог спросить и десять, и двенадцать, и все пятнадцать тысяч. Милостиво! Но откуда их взять?.. Пятьдесят рублей и то не достанешь. Положим, она. Но на сколько времени хватит и ее? О, подлость!"

Он топнул ногою и прибавил шагу.

Молодой человек хорошей фамилии, он имел перед собою всю будущность и вдруг запутал себя так глупо, так гнусно... Положим, женщины великодушны. Дойди до огласки, она не скажет, что он делал надписи, но это все делалось для него — этого нельзя скрыть. Какой скандал!... Разорвать связь и бежать. Но она бешеная, она все может.

Анохов даже похолодел при этой мысли.

Только на вокзале он несколько рассеялся. Манька-гусар, одна из звезд местного полусвета, села за его столик и вполголоса напевала ему отрывки из цыганских романсов; из зала доносилось пение хора. Широкая Волга чернела своею водною гладью, и взор терялся в полумгле летней ночи. На душе становилось ровнее.

Маньку отозвали в хор, Анохов на время остался один и отдался мечтам, так легко овладевающим слабыми душами.

Он уедет в Петербург, и там его тетушки и дядюшки похлопочут за него все в том же министерстве. Его могут сделать чиновником особых поручений при министре. Летние командировки, а зима вся свободна и в сплошных развлечениях. Можно будет подобрать девушку с деньгами, с влиятельной родней и жениться. Только бы здесь...

Его лицо опять омрачилось, но в эту минуту к нему подошел его товарищ по училищу, Краюхин, состоявший товарищем прокурора при местном окружном суде. Круглое, всегда довольное лицо его с маленькими черными усиками и круглыми глазами напоминало кота. Среднего роста, с небольшим брюшком и тою солидностью, которую стараются придать себе ограниченные люди, он являлся типичным представителем провинциальной бюрократии.

— Жан! — окликнул он Анохова. — Сидишь и, видимо, пребываешь в мехлюндии?

— А ты чего так сияешь? — спросил Анохов, здороваясь с ним.

— Рад и горд, — сказал Краюхин, садясь к столику, — мне поручено обвинение по делу об убийстве Дерунова, громкое дело! Я обдумываю речь! — И Краюхин многозначительно поднял брови.

— Какая же речь, если убийца еще не найден?

Краюхин улыбнулся.

— Между нами, — сказал он таинственно, — убийца найден. Пришел и сознался. Некий Захаров. Какой-то бухгалтер... дикарь!

— Найден? — заинтересовался Анохов. — Какие же мотивы?

— Видишь ли, между нами... Ты позволишь? — он взял стоявшую на столике бутылку и налил из нее в стакан. — Мы собрали справки. Он отказывался объяснить, но мы добились сути. Дерунов этот жил с его женою. Смазливая бабенка, боец... — он отхлебнул из стакана. — Оказывается, они на другой день собирались с Деруновым ехать по Волге, и муж узнал. Узнал и... — ну, скажи, не дико ли это?.. — сейчас и расправа.

Краюхин развел руками и заговорил, уже не смотря на Анохова и, видимо, слушая самого себя:

— Пора же быть культурными людьми и не мстить смертью за измену жены. Легкие измены стали столь обыденным явлением, так вошли в нравы, что, ей-Богу, тогда бы пришлось перерезать семьдесят пять процентов жен и столько же мужчин, холостых и женатых. Чувство свободно! Я живу с чужою женою, что же за резон меня резать? Дико! Некультурно! Разведись, в крайнем случае, если тебе не страшен скандал, но резать?! — он вздернул плечами и уже спокойнее продолжал: — Тем более что я не век буду жить с нею. Она останется при муже, как скоро я к ней охладею и оставлю ее. Это так вошло в жизнь, так обыденно, что мстить за это кровью — значит, помимо всего, подрывать общественное спокойствие, зиждущееся на мнимом неведенье. Ведь была же кровная месть — она отошла в предание, пора и месть за измену призрачной супружеской верности сдать в архив. Женщина всегда обманет, обманывай и ты, но бить ее, убивать любовника... фи! Это только извинительно мужику, но не тем, кто хоть слегка причастен культуре. Я изменил женщине, она плещет мне в лицо кислоту, бьет у меня в квартире окна, стреляет в свою соперницу; мне изменила жена — я ее режу, убиваю ее любовника. Да этак жить нельзя будет! До сих пор старались в ревности находить смягчающее обстоятельство, я хочу первый восстать против этого! Убийство и есть убийство, а это еще с подкладкою дикости. Пора дать чувствам свободу!... — он осушил стакан и долил его снова.

Под впечатлением его речи в душе Анохова сложилось решение. Он сочувственно кивнул ему головою и сказал:

— Действительно, ты прав! Чувство должно быть свободно, а мы его часто держим в рабстве и, вместо того чтобы сказать надоевшей любовнице: "Оставь меня", говорим ей по-прежнему о любви из глупого страха или сожаления.

— И в результате — нелепость! — убежденно сказал Краюхин. — Не стесняйся сам и не стесняй другого!

— Золотые слова! — подхватил Анохов и вздохнул с облегчением. — Ах, Жорж! — сказал он в порыве откровенности. — Я переживал это рабство чувства и только вот теперь сбросил с себя его цепи...

— По этому случаю выпьем! — засмеялся Краюхин и постучал стаканом по бутылке. — Еще бутылку! — сказал он лакею, отдавая ему пустую.

— Выпьем! — ответил Анохов. — А через три дня твой коллега dahin²!

— Куда же?

— В Питер! А там? Как устроюсь! Иначе, брат, мне не отыграться от...

— Можаихи, — цинично заметил Краюхин.

— Ну ее к черту! — грубо ответил Анохов.


## XIII


"Убийца Дерунова найден и арестован". На другой день это известие было напечатано в местных газетах, но городские кумушки, опережавшие любого репортера, называли уже убийцу по имени.

— Слышали? — спрашивал один служащий в канцелярии другого.

— Слышал, — отвечал другой, и тогда спросивший тотчас отворачивался с недовольной миною, поджидая другого, менее сведущего.

— Слышали? — спрашивал он этого другого.

---

² Далеко (нем.).

— Ничего, а что случилось?

Лицо вопрошавшего озарялось самодовольством, и он с видом человека, извещенного лично председателем суда, сообщал:

— Наш-то тихоня, Захаров, арестован! Оказывается, он Дерунова-то убил!

— Не может быть?!

Изловивший слушателя приходил в восторг. Он начинал оживленно рассказывать, возвышал голос, изменял его, махал руками и чуть не в лицах изображал сцены убийства, ареста, допроса и проч. Вокруг него собиралась кучка любопытных, и даже сторож, отойдя от вешалки, слушал вполуха.

Авдотья Павловна Колкунова, дымя папиросою, полулежала в позе отдыхающей у ручья нимфы и говорила своей дочери:

— Я всегда чувствовала, что он разбойник. Недаром мы ненавидели друг друга. Но не плачь, все к лучшему! Его отошлют на каторгу, и ты свободна... Мы уедем в Петербург и там...

— Но скандал, мамаша, — всхлипывая, отвечала Екатерина Егоровна, — меня звали к следователю и такое спрашивали... а потом то же будет и на суде.

Обольстительная полковница загасила папиросу и снисходительно улыбнулась.

— Дурочка ты моя! — сказала она. — Да ведь тебе теперь известность-то какая! Чего бы не дала любая из нас, чтобы из-за нее другого зарезали!

Екатерина Егоровна выдавила улыбку.

— Самоубийство и то возвышает женщину в глазах мужчин, а тут — на тебе! Понятно, — продолжала мамаша, — здешнее общество вознегодует, пожалуй, отвернется от нас, закроет двери, но только из зависти! А нам наплевать. Да пожелай ты теперь — ты всех мужей отобьешь, глупая! А она плачет.

Полковница поднялась, вальяжно села на диван и сказала:

— Налей мне кофе!

Дочь, видимо, успокоилась, и беспечная улыбка появилась на ее губах.

— Смотри, не сегодня-завтра к нам на вечерний чай столько напросится народу! — полковница плавно повела костлявой рукой по воздуху. — И все тебе сочувствовать будут!

При этом предположении дочка полковницы не удержалась и уже весело смеялась от удовольствия.

Волосатый Полозов в своей тесной конурке, называемой

редакцией, стоял перед беспечно сидевшим перед ним Силиным и ласково говорил ему:

— Голубчик, вы сделали передо мной свинство; обещались, а сами и в "Газету" описание убийства отдали...

— За двойню! — перебил его Силин.

— Ну, хорошо, мы квиты! — торопливо заговорил Полозов. — Только теперь, милушка, не обманите! Одному мне. Я уж по шесть копеек дам, только на совесть!

— Идет! — согласился Силин. — Я, признаться, вас уважаю больше, чем его. Он любит сплетни сводить, а я таких не люблю, но уговор! — Силин поднял руку, а Полозов беспокойно стал трепать свою густую бороду.

— Принимать все, не вычеркивать ни строки и за все шесть копеек. Кроме того, сегодня двадцать пять рублей вперед. Я к Можаевым еду, — окончил он торопливо.

— Что же, — уныло ответил Полозов, — я согласен. Вот вам! — он полез в боковой карман пиджака, вынул засаленный бумажник, долго рылся в нем, слюня короткие пальцы, и подал Силину пачку затрепанных ассигнаций. — И что вы мне дадите?

— Каждый день сообщения по мере продвижения следствия. Потом интервью с его женою, — Силин загнул палец, — интервью с Иваном...

— Это кто же?

— Лакей покойного. Он все его шашни знал!

— Гм, — произнес редактор.

Силин продолжал:

— Интервью с Лушкой. Горничная Захаровых. Наконец, с защитником и прокурором! И отчеты из зала суда.

Редактором овладело оптимистическое настроение. Он закивал головою.

— Что же, валяйте! Жарьте, черт возьми! — произнес он, одушевляясь. — Мы задушим "Газету". Фельетон Долинина произвел вчера фурор. Триста нумеров продали лишних. Вы читали?

Силин махнул рукою.

— Он мне на просмотр давал. Перечти, говорит, и черкни, если что я лишнего махнул.

— Бойкий, бойкий фельетон, — похвалил Полозов, — особенно это место! — он схватил газету, поводил по ней носом и, указывая на строки пальцем, густым басом прочел: — "И верьте, нет мелкой гадости, нет преступной мысли, едва мелькнувшей в голове вашей, — я не говорю уже о преступлении, — которые не понесли бы за собою казни. Ничто не простится! Преступления против плоти казнятся немощью, против духа есть большая казнь, и, верьте, она настигнет: настигнет среди сна, среди игры и веселия, в момент упоения любовью. За все расплата, и путями таинственными, часто ножом убийцы замахивается незримая рука Вечной Правды". А, сильно? Ведь это намек на Дерунова, на его жизнь! — Полозов аккуратно свернул и положил газету на стол.

— Тут и я припустил малость, — сказал Силин, вставая, — насчет ножа-то — это мое. Ну, до свидания, послезавтра я здесь, а завтра перешлю вам с нарочным!

Он ушел, а Полозов некоторое время задумчиво смотрел ему вслед и, наконец, со вздохом произнес:

— Каналья, слов нет, а нужный человек. И боек же!

Он покачал головою и уселся править корректуру.

Весть об аресте Захарова добралась и до Можаевки.

Было четыре часа. Все, кроме Весенина, уехавшего в город, сидели на широком балконе, выходившем в сад, и пили послеобеденный кофе. Лиза играла в саду: нянька качала ее в гамаке, и она весело смеялась при каждом взмахе.

Анна Ивановна, оправившаяся от первых впечатлений, задумчиво смотрела в сад. Вера то беспокойно взглядывала на нее, то ласково смотрела на отца, стараясь поддержать беседу, которую вел он один, отдохнувший среди природы от городских дрязг и увлеченный своими затеями, бодрый и веселый.

Какой контраст с ним, стариком, представляла Елизавета Борисовна. Она была совершенно безучастна и к окружающей природе, которая в этот час была великолепна в своем ослепительном сиянье, и к разговору, и к людям. Постоянная тревога наложила на ее лицо отпечаток, и оно побледнело, в то время как глаза вспыхивали лихорадочным блеском. Но едва она приходила в себя и замечала тревожный взгляд мужа, как тотчас начинала возбужденно говорить и смеяться.

Можаев рассказывал о столкновении с рабочими. — Никогда прежде этого не было, — говорил он, — пока не появился петербургский фрукт. Лодырь, слоняется, ничего не делая, и всех сбивает. Кроме того, оказался вором. Его поймали, как он с мельницы муку крал. Федор Матвеевич прогнал его, а теперь еще хуже. Сегодня время горячее, коси, не то поздно будет, а он — нате! — всех мужиков сбил, что дешево работают. Я на луг. Галдят, и он впереди всех.

— Ну, и что же? Ты им прибавил?

— Если бы я прибавил, я бы на себя руки наложил. Они решили бы, что я струсил. И ты знаешь меня, разве я мужика

93

жму? Я этого Ознобова пригрозил прибить, а их пугнул. Стали работать, но вяло. А этого франта пришлось в холодную взять. Хлопот с ним!...

— Он опасен? — тревожно спросила Вера.

— Беспокоен, а как убрать его мирным порядком, и не придумаю. Придется станового приглашать и его выселить. Тем более он дальний.

— Откуда же он?

— Лужский мещанин из Петербургской губернии! А, Степан Иванович! — весело воскликнул Можаев, поднимаясь с кресла. — Милости просим! Обедали? Какие новости?

Силин стоял на пороге балкона во всем великолепии своей персоны. Просторный чесучовый пиджак, широчайшие брюки, белый жилет и цветное белье с небрежно повязанным галстуком, концы которого виднелись из-под его густой бороды.

Он поклонился всем и потом, войдя на балкон, стал обходить всех по очереди. Сестру он нежно поцеловал в лоб; Елизавете Борисовне почтительно поцеловал руку; Вере пожал кончики пальцев и сказал:

— Хорошеете, барышня!

— Терпеть не могу этого слова! — ответила она.

— Ха-ха-ха! Вот и рассердил! — засмеялся Силин и, обмахиваясь шляпой, сел на свободный стул. — Вы простите, что я без зова. Так, знаете, соскучился; сестренку проведать захотел.

— Что вы, батенька, да мы всегда рады свежему человеку! — замахал руками Можаев.

Елизавета Борисовна вышла из своей меланхолии.

— Скука у нас тут! Мужчины за работой, мы все женщины и ничего, кроме усадьбы, не видим. Мы все рады вам. Говорите, что нового?

— Нового? — Силин обвел всех взглядом и, заранее предвкушая эффект, сказал: — Убийца Семена Елизаровича найден. То есть, вернее, сам открылся.

Анна Ивановна с замирающим сердцем обратила к брату свое побледневшее лицо. Вера порывисто обернулась к Силину. Лица всех выразили жгучий интерес.

— Кто же? — за всех спросила Елизавета Борисовна.

— Александр Никитич Захаров! Знаете его? Бухгалтер, — ответил Силин.

Глубокий вздох облегчения вырвался из груди Анны Ивановны, и краска вернулась на ее побледневшие щеки.

— За что? — еле слышно спросила она брата, но Можаев заглушил ее вопрос.

Он взволнованно поднялся с кресла и громко воскликнул:

— Захаров?! Да это нелепость! Я никогда не поверю этому.

Силин снисходительно улыбнулся.

— Могу вас уверить, Сергей Степанович! Он уже посажен, а я и корреспонденцию в Петербург послал.

— Что же из этого? — горячился Можаев. — Осудят его, я и тогда не поверю! Это человек из народа, с цельной и целомудренной душой, для которой не утрачены понятия добра и зла.

— Но, папа, — остановила его Вера, — ты не знаешь мотивов.

— Действительно, — сказала раздраженно Елизавета Борисовна мужу, — ты не даешь даже договорить Степану Ивановичу.

— Ну, ну, умолкаю и все равно не верю, — ответил Можаев и стал взволнованно ходить по балкону. — Какие же мотивы?

Но Силин так выразительно указал глазами на сестру и на Веру, что Можаев умолк тотчас и стал вполголоса напевать, хотя известие об аресте Захарова, видимо, волновало его. Его честная натура не могла легко смириться со своими разочарованиями.

Разговор как-то сразу пресекся. Вера, подметив выразительный взгляд Силина, не решилась настаивать на вопросе, хотя и сгорала от желания узнать таинственную причину. Анна Ивановна опять погрузилась в свои думы, но лицо ее уже было спокойно и глаза ясно смотрели в даль, которая уже не пугала ее страшными призраками. Елизавета Борисовна заговорила с Силиным о городских новостях и сплетнях.

— Никаких новостей, — отвечал Силин, — все только и заняты что убийством. Разбирательство назначается на сентябрь. Обвинять поручено Краюхину, и он преисполнился важности. Забавнее всего madame Колкунова.

— Это кто?

— Теща Захарова. Она...

Анне Ивановне тяжело было это слушать. Она встала.

— Вера, пойдемте к Лизе, — сказала она, и обе они ушли с балкона. В эту минуту на пороге показался старик конторщик с длинной седой бородой, в круглых очках, с серебряной оправой.

— Сергей Степанович! — почтительно окликнул он Можаева.

— Что еще?

— Пожалуйте на минуту в контору.

— Вы извините, — сказал Можаев Силину и вышел. Силин с Елизаветой Борисовной остались одни.

— Так что же эта Колк... — тотчас заговорила Елизавета Борисовна.

— Колкунова! — подсказал Силин и оживленно стал передавать сплетни и анекдоты про полковницу, а потом и мотивы убийства.

— Фи! — презрительно сказала Елизавета Борисовна. — Неужели он был так развратен?

— О! — Силин махнул рукою. — Если бы вы были мужчиною, я бы порассказал вам...

— Бедная Анна Ивановна! — вздохнула Можаева.

— Да, она натерпелась, — ответил Силин, и лицо его приняло грустное выражение.

— Ну, а еще новости?

— Еще? Да никаких! — опять оживился Силин. — Вот разве Анохов еще...

— Анохов? С ним что?

Будь Силин ненаблюдательнее, он увидел бы, как побледнела Елизавета Борисовна при имени Анохова, и услышал бы тревогу в ее вопросе, но Силин ничего не заметил и продолжал:

— В Петербург собирается, переводится на другое место.

— А! — Елизавета Борисовна улыбнулась, и лицо ее разом просветлело, так что перемену эту заметил даже Силин.

— Вы словно за него обрадовались! — сказал он с удивлением.

— О да! — улыбаясь, ответила она. — Я всегда говорила, что с его способностями ему место не здесь.

Силин нахмурился:

— Скажите, с его связями...

Ему не нравилось, когда при нем хвалили другого. В это время на балкон, как ураган, ворвался Можаев.

— Друг мой, что с тобою? — спросила Елизавета Борисовна.

— То, что я чуть не избил этого негодяя Ознобова! Его, оказывается, выпустили, и он пришел в контору за каким-то расчетом, который давно с ним покончен. Буянил там; я пришел, и он вдруг мне в глаза говорит: будьте-с, говорит, покойны, теперь мужика в кулаке не удержишь, у него и у самого кулак есть! И это при мужиках, что за расчетом пришли. Он прямо бунт готовит!...

— Пошли за становым!

96

— За становым — это уже скандал. Да нет, я один с ним справлюсь. Фу! — он опустился в кресло. — Вот, Степан Иванович, положение! Потраву простишь, порубку простишь, на другой день у тебя норовят в саду дерево выкрасть и в огород лошадей нагнать. Накажешь — стон пойдет!... Работу не сделают, деньги требуют, а что помогал им в голодовку, лечил их, в долг лошадей им купил, семена дал — все не в счет. На то ты и барин!... И что это Федор Матвеевич не едет!

— Ведь он обещался к вечеру!

Можаев не узнал голоса своей жены: столько в нем было гибкости и нежности. Он с удовлетворением взглянул на нее и любовно ей улыбнулся.

— Без него я как без рук, да и головы! А где Верочка?

— С Анной Ивановной! Знаешь, за что Захаров Дерунова убил?

— Ну?

Елизавета Борисовна пересказала. Можаев нахмурился.

— Ну, за это он мог. Он слишком непосредствен, а такие не знают полумер! Идемте в сад, Степан Иванович! Вы не видали еще моих оранжерей.

— С наслаждением! — с готовностью откликнулся Силин.

— Ну, а я насчет чая и закуски! — весело сказала Елизавета Борисовна и пошла в комнаты.

Свобода, свобода, свобода! Казалось, все пело в ее душе. Он уедет, и много-много к осени она полетит за ним, а там уже новая жизнь, новое счастье. Уже не краденое, а открытое, на зависть всем!

Проходя через зал, она взглянула в зеркало и не узнала своего лица: так оно было молодо и свежо.

Можаев показывал сад и оранжереи Силину. Он вдруг расположился к нему, видя, как благотворно подействовал его приезд на жену.

В одной из аллей сада, невдалеке от лужка, где играла Лиза, Анна Ивановна ходила с Верою. Вера обняла ее за талию и говорила ей:

— Я догадалась сразу, еще тогда, что вас так убивает, а теперь, когда вы вдруг повеселели, я все поняла. Ну, видите теперь, это не он!

Анна Ивановна покраснела.

— И никогда не мог он этого сделать! — горячо продолжала Вера. — Уже одно то, что он писатель, говорит о его порядочности. Я не знаю, обвиняй все его, я бы не поверила. Это все равно что говорили бы про Федора Матвеевича!

Анна Ивановна пристально взглянула на нее и, увидав, как Вера внезапно вспыхнула, улыбнулась и обняла ее.

— Милая вы моя, — ласково сказала она, — если вы угадали мое тайное горе, то только отчасти. Я не могу его вам поведать, но оно велико, моя дорогая. Слава Богу, вы никогда не будете его знать.

Вера с тревогою посмотрела на нее, потом обняла ее и порывисто сказала:

— Вы все забудьте, и через полгода он женится на вас, а мы будем радоваться.

Лицо Анны Ивановны вспыхнуло в свою очередь, но она тотчас подняла свою руку, словно защищаясь.

— Нет, этого никогда не будет, — ответила она, — это могло быть!...

— Фу, какая вы похоронная! — капризно сказала Вера.

— Чай пить! — раздался с балкона звонкий голос Елизаветы Борисовны.

Солнце закатывалось, и облака, покрывавшие запад, казались лужами крови, бросая от себя красноватый отблеск.

В воздухе было душно, сгущалась вечерняя мгла, и как-то особенно приятно было сидеть на балконе и пить чай в эту пору. Анна Ивановна напоила Лизу и полусонную отнесла в кроватку.

Когда она вернулась и села подле Веры, Силин рассказывал о фельетоне Долинина. Он не помнил его точно. "Но там, — говорил Силин, — подпущено что-то мистическое и так близко касается этого убийства, что всех заинтересовало, а редактор прямо в восторге".

Вера пожала под столом руку Анны Ивановны.

— Он талантливый, — сказала Елизавета Борисовна. — Несомненно! Это видно даже по его открытому лицу, по голосу, манерам, — отозвался Можаев, — я читал сборник его рассказов и увлекся ими. Мне он очень понравился.

Вера опять стиснула руку Анны Ивановны.

— Он был моим товарищем, — сказал Силин таким тоном, словно от этого зависела талантливость Долинина, — мы с ним дружим и теперь, а тогда... помнишь, Анюта? — спросил он сестру. Та смутилась, застигнутая врасплох, и обрадовалась, когда внезапное появление Весенина отвлекло от нее внимание.

— Чай да сахар! — приветствовал он.

— А вот и вы! Вас-то нам и не хватало! — отозвалась Елизавета Борисовна. Вера задорно сказала:

— Федор Матвеевич сейчас уйдет в контору. Он очень занят.

— Сегодня я уж отработался! — ответил Весенин.

— И я, батюшка! — признался Можаев. — Ваш Ознобов задал звону нам всем. Того гляди, бунт будет!

— Ну, уж и бунт! — улыбнулся Весенин. — Елизавета Борисовна, дайте мне тарелочку простокваши, а я вам за это письмецо дам!

— От кого?

— От кого же, как не от вашей любезной madame Лоране. Пусть, говорит, ответят: сами на примерку приедут или мне к ним?

— Где письмо?

— Вот-с! Получите!

С едва сдерживаемым волнением Елизавета Борисовна схватила письмо и опустила его в карман.

— Ну, что нового? — предложил Силин обычный вопрос.

— Нового? Есть! — серьезно ответил Весенин. — Николая Петровича Долинина арестовали по подозрению в убийстве.

— Не может быть! — вскочил со стула Силин.

— Помогите! — вскрикнула Вера. — С Анной Ивановной дурно...

## XIV

Был ранний вечерний час. Весенин, наработавшись за день, не торопясь ехал на беговых дрожках в усадьбу Можаевых, думая посидеть у них недолго и отправиться уже к себе на покой. За день он успел везде побывать и все осмотреть: был на сенокосе, на картофельном поле, на мельнице и лесопильне, виделся с подрядчиком, взявшим на себя кладку здания под завод. Ему ехать бы прямо к себе и залечь спать, но его тянуло к Можаевым, где после чая он послушает игру Веры, пожмет ее руку и услышит ее голос и смех.

Лошадь без вожжей шла привычной дорогой, лениво встряхивая головой и отмахиваясь хвостом от беспокойных оводов.

Вдали уже показалась усадьба. Лошадь осторожно стала спускаться по косогору, огибая речку, когда Весенина звонким голосом окликнула Вера. Он быстро натянул вожжи и обернулся. Вера поднималась к нему по берегу речки с мохнатым полотенцем и купальным чепцом в руке. Гладкое платье словно обливало ее стройную фигуру, соломенная шляпа с прямыми полями придавала ей мужской вид. Она поднималась легко и свободно, словно шла по ровному месту, и на ходу кричала: — Подвезите меня до дому, а то все купанье пропадет на этой жаре. Вы на Мальчике? Здравствуйте!

Она по-мужски встряхнула Весенину руку и села на дрожки спиною к нему.

— Только не гоните, а то я упаду. Ну, что нового?

Весенин тронул вожжами. Лошадь опять пошла ровным шагом.

— У нас новости обыкновенные. Скосили столько-то, завтра пойдем на Гусиный луг; дай Бог, чтобы ведро подержалось. Вот разве новость: у Теплых Ключей волк овцу зарезал! Ну, а у вас что?

— Скука! Смертельная скука, — ответила Вера, — весь день одна. Мама в город на примерку уехала, папа с утра в кабинете. В городе колонизация...

— Канализация, — поправил Весенин.

— Без вас знаю! Ну, а ему забота. Завтра едет туда. Силин, шут этот, вместе с мамашей уехал. "Такая, — говорит, — новость, и я не знаю".

— За что вы его браните? — с упреком сказал Весенин.

— Ах, не люблю я таких! Ничего не знает, обо всем судит и себя чуть не известным писателем числит, а сам о пьяных драках отчеты пишет. "Мой, — говорит, — слог сразу узнать можно. Вы читали. Я написал..." Не люблю, — ответила Вера.

— Можно и не любить. Шут-то зачем? Всякий по силам своим старается и промышляет о хлебе. А что Анна Ивановна?

— И не говорите! После обморока очнулась и замолчала. Смотреть страшно на нее. Вы ведь не верите, что он убийца? — вдруг спросила Вера и даже обернулась.

Весенин резко качнул головою.

— Ни минуты!

— Ну, вот! — обрадовалась Вера. — Я ей то же говорила. Она покачает головою и хрустнет пальцами. Вот подите! Он ведь хороший человек, честный? — опять спросила она.

— Безусловно, — ответил Весенин, — а что до хорошего, то я лично таких людей не люблю.

— Каких таких? Остановите лошадь, я боком сяду.

Весенин остановил. Вера пересела, и теперь он чувствовал у своей спины ее плечо, и ее дыхание касалось его уха.

— Ну, теперь говорите! Каких эта людей вы не любите.

— Неуравновешенных, — ответил Весенин, снова встряхивая вожжами, — нецельные они, безалаберные. У них чувства и желания на первом плане, и шут их знает, какое колено они выкинут!

— На то он и писатель, а не инженер, — возразила Вера, — вам все: "так как, так как, а затем: следовательно!"

— Непременно! — засмеялся Весенин. — Только вы напрасно сюда инженера вклеили. Просто рассудительный человек. Он может и писателем быть, и поэтом, и даже музыкантом, — но в жизни у него слово не расходится с делом и самое слово он почитает делом. А этот... Взять хоть бы его последний фельетон...

— Ах, я очень заинтересовалась им. У вас он есть?

— Есть-то есть, да его, ей-Богу, и читать не стоит. Чушь.

— Вы все-таки привезите его мне, — не сдавалась она и спросила: — А почему чушь? — Они въехали уже в усадьбу. — Ну, вы мне за чаем скажете! А теперь пустите. Спасибо! — она легко соскочила с дрожек и убежала.

Конюх взял лошадь. Весенин через сад направился к дому.

— Много наработали сегодня? — встретил его на балконе Можаев.

— Изрядно, завтра на Гусиный луг перейдем. А вы?

— Какой! Ничего не разберу. И городу взять на себя невыгодно, и сдать на подряд этому Плиссе опасно. А нынче же нужно решить так или иначе.

— Обяжите этого Плиссе. Всяких неустоек наворотите.

— А что взять с него? Шутите! Ну да справимся. А у вас как — покойно? Ознобов тих?

— Справимся! — засмеялся Весенин, и они вошли в столовую. Вера сидела уже за самоваром и пододвинула им налитые стаканы.

— Ну а теперь ваши разговоры прочь. И Федор Матвеевич объяснит мне, почему фельетон Долинина — чушь!

— Что это — лекция? — спросил, усмехаясь, Можаев.

— Да вот ваша девица про его фельетон услыхала и заинтересовалась, а я говорю ей, чушь. Теперь "почему" спрашивает.

— А! Ну, ну, валяйте!

Весенин обернулся к нему, потом к Вере и начал:

— Видите ли, он там новый мировой закон выдумал: возмездие! То есть что все дурное, содеянное на земле, на земле же и казнь свою претерпит. Это бы еще ничего, но дальше он уже запутался и дошел до того, что убийство есть акт какого-то там высшего правосудия, и самый убийца только

101

бессознательно творит чужую волю и почти прямо намекает, что Дерунов понес казнь за свою греховную жизнь. Мысль есть, но он не продумал ее, не обосновал и нанес всякого вздора.

Можаев с усмешкою покачал головой, но лицо Веры осталось серьезно, и она с сомнением спросила:

— Почему же вздор? Изъявший меч от меча и погибнет!

— Как почему, милая! — ответил Можаев. — Тебя сбивает с толку этот мистический характер, а сущность его сводится в тому, что, собственно, нет преступления и преступника, потому что его рукою творится акт высшего правосудия. Прямая чушь! Прежде всего у нас большинство преступлений совершается из корыстных целей и много жертв бывали при жизни очень хорошими людьми. А по этой теории — "так им и надо"! Прямая чушь! — повторил горячо Можаев.

— Что странного тут, — заметил Весенин, — так это то, что я уверен, ему мелькнула эта мысль, он отдался ей, нагородил, успокоился и забыл. Это просто работа расстроенных нервов, а не ума и, может быть, потому-то и производит впечатление. Прочтешь раз — и покажется, словно бы и мысли есть; перечтешь — и одна чушь!

— Как и все фельетоны на отвлеченные темы, — добавил Можаев.

Но Вера, видимо, не согласилась с ними. Она перешла в гостиную, и оттуда послышались тихие аккорды.

— Мечтательница! — сказал с улыбкой Весенин. Можаев пожал плечами.

— Не пойму откуда. Мы ли с вами не старались сделать из нее трезвенную, а вот подите!

— Может быть, мы пересолили с вами, — предположил Весенин, подымаясь от стола. — Вера Сергеевна, прощайте! — крикнул он.

Она вышла к нему, и он с тревогою увидел, что она плакала. Лицо ее было грустно.

— С чего вы? — спросил он ее тихо.

— Я перестала понимать вас с папою, — ответила она так же тихо.

Весенин приостановился, недоумевая, но тотчас оправился.

— Пождите, договоримся! — ответил он весело. — А теперь до завтра!

— А со мною на неделю. Я в город, — сказал Можаев, — в случае чего — нарочного!

— Знаю, знаю, — ответил Весенин, спускаясь с балкона и выходя в темный сад.

Мимо него, как привидение, мелькнула фигура Анны Ивановны.

"Вот кто ее сбил", — подумал Весенин.

В ночной тишине глухо застучали подковы лошади о твердую, осевшуюся от зноя дорогу. Весенин выехал из ворот шагом и подогнал своего Мальчика. Дорога пролегала рощею. Старые березы и клены во все стороны тянули свои корявые ветки и в причудливом освещении луны казались старухами-нищенками в лохмотьях. Дорога, местами освещенная, местами исчезала в чаще, словно гигантская змея. Под неясным светом луны все выглядело фантастическим, странным: вон страшные гномы ведут свой хоровод, у них белые бороды и смешные колпаки, — но подъедешь ближе, и они снова обратятся в пни, поросшие седым мохом; вон русалка качается на ветвях дерева и расплетает зеленую косу, но это всего лишь сломленный сук березы со свесившейся вниз увядшей листвой; чьи-то шаги гудят по лесу, и под ними хрустят ветви; чу! кто-то стонет, вон леший залился страшным смехом, — но трезвый ум различит крик филина, прыжок внезапно проснувшегося зайца, отдаленный топот коней в ночном.

Не так ли и в жизни? Эти Долинины, — часть современной молодежи: смотрят на жизнь при призрачном освещении луны в таинственные ночные часы и вместо власти разума отдаются воображению. Не удивительно ли, что им видятся и причудливые образы, и таинственные знаки там, где все так ясно и просто, вокруг при трезвом свете сияющего дня...

Осознанное добро, ясное понимание цели, твердое следование по намеченному пути — все это относится на счет холодного расчета, сухого эгоизма, а метания из стороны в сторону, жалкие бессодержательные фразы, мистические фантомы увлекают сердца и умы...

— "Я перестала понимать вас..." — повторял вслух Весенин и невольно улыбнулся. — Поймешь, поймммешь! — весело усмехаясь, сказал он. — Уж наша размолвка поможет уразуметь тебе, где правда. Недаром же мы работали над твоей душою! — Он хлопнул вожжами, Мальчик прибавил шагу... Он выехал из рощи, и дорога пошла полем, освещенным яркою луною. Впереди показалась коляска запряженная тройкой.

— Сторонись, барыня едет! — сказал себе Весенин и своротил к краю дороги.

Когда коляска поравнялась с ним, из нее высунулась Елизавета Борисовна.

— Весенин, вы?

— К вашим услугам! Хорошо прокатились?

103

— Устала, смерть! В городе духота, истома. Никого нет, но все же я довольна. Долинина правда арестовали, но никто не верит в его виновность, кроме следователя! Прощайте!

Коляска покатилась. Весенин оглянулся ей вслед и подумал: "Вот трезвая, сильная натура, только сбитая с толку!"

— Ну, ну, Мальчик! — крикнул он.

В стороне виднелась мельница, подле нее ютился небольшой домик, окруженный садом, в нем и жил Весенин. Он постучал в ворота.

Почти тотчас высокий молодой работник распахнул их. Весенин сдал ему лошадь и вошел в дом.

Маленькая передняя, гостиная, соединенная со столовой, двери которой выходили в сад, кабинет и спальня составляли все его жилище.

Он прошел прямо в спальню и быстро разделся.

— Простоквашу подала, барин! — раздался за дверью голос Ефимьи, женщины, служащей у Весенина.

— Спасибо, Ефимьюшка! — ответил он. — Ешь с Елизаром на здоровье, а я спать буду.

— Али умаялся больно?..

— Смерть как!

— Ну спи! Господь с тобою!

Весенин слышал, как она хлопотала в столовой, вероятно убирая посуду, потом услыхал осторожный шепот работника — и погрузился в крепкий сон наработавшегося человека.

Небо очистилось, и яркий свет луны заливал кругом все окрестности и творил чудеса: воду реки он обратил в расплавленное серебро, темноту ночи перерезал зелеными полутенями, оживил каждый куст, дерево, и цветы, очарованные этим светом, изливали одуряющий аромат. Душный воздух не колыхался; кругом все спало, и торжественная тишина ночи, озаренной луной, распаляла молодые мечты и будила неясные желания.

Вера сидела у раскрытого окна, и на душе ее было и тоскливо, и сладко: ей хотелось что-нибудь любить бесконечно, с чем-нибудь слиться душою, молиться и плакать.

Она сидела у окна без кофты, на открытые грудь и плечи падал лунный свет; распущенные волосы волнами струились по ее плечам, окружая, как рамкою, ее бледное, мечтательное лицо с глазами, устремленными вдаль. Она томилась и искала выхода своим мыслям. Что-то постороннее вторглось в ее душу, за одну неделю вся ее жизнь перевернулась, и она растерялась. Перед нею был открыт мир, чисты были ее мечты... Пока не разразилась гроза над Анной Ивановной, И она не узнала, что

104

есть еще мир, неведомый ей, мир любви. Анна Ивановна — в порыве отчаяния отдавшая руку нелюбимому, старику, и томившаяся пять лет безнадежной страстью. Молодой Долинин — в порыве любви творящий безумства. Что это? Что за неведомая сила и ради чего люди переносят мучения? Все — разум, как говорят Весенин и папа, но есть мир чувств, где этот разум бессилен. На свете есть нечто совершающееся над нами помимо нашей воли, и Вера испытывала это на себе и томилась.

Она собиралась в деревню со своими планами. Ее ждали мальчишки и девчонки, которых она собиралась учить летом, она думала сговориться с учителем и устроить воскресные чтения, а теперь ни до чего ей нет дела, и все скучно, и ничто не удовлетворяет ее, все бесцельно, за что она ни возьмется. Даже Анна Ивановна со своею тоской порою утомляет ее, и ей хочется чего-то неизведанного, какого-то особого счастья, безбрежного, как море, бесконечного, как это звездное небо.

Не спала в эту лунную ночь и Елизавета Борисовна, вернувшаяся из города. Письмо от Анохова, пересланное ей через портниху и наполненное тревогой и страхом, не испугало ее нисколько. Она приехала к нему и скоро сумела успокоить его, напуганного шантажистами. Что значат пятьдесят рублей? Она будет платить им четыре, ну, шесть месяцев, а там он ее вызовет в Петербург, она уедет и в письме покается мужу. Бог даст — наступит время, и они расплатятся с господином Можаевым!

Ее лицо сияло таким неподдельным счастием, она так горячо целовала Анохова, что тот поддался ее ласкам и стал вторить ее мечтам.

Под впечатлением этих сладких часов Елизавета Борисовна нежилась теперь, раскинувшись в постели. Жизнь дается только один раз, отчего же не использовать ее всю на свое удовольствие? Что в этом преступного? Иногда ее тревожат ужасные мысли, но сегодня все злые призраки отошли в сторону и не пугают ее своими ребяческими пугалами, как раньше, вначале, бессонными долгими ночами.

Она давала обеты в верности, но разве знала она, что с нею будет, и разве можно справиться со своим чувством?.. И к чему...

Правда, было бы лучше, если бы муж был груб и гадок, вот хоть как этот... Дерунов, но что же делать, если она полюбила. Он поймет и сам. Ведь еще давно, много раньше этого, он говорил ей:

— Сердцу нельзя приказывать!

Неужели же теперь он станет думать иначе? Он не одинок, у него взрослая дочь, есть близкий друг. Он любит ее? Боже! А если и она теперь полюбила!...

И с успокоенной совестью она снова думала об Анохове и переживала в памяти часы, проведенные с ним.

Счастье дается раз в жизни!... Ах, если бы не эти векселя, тогда ни в чем она не знала бы упрека совести. И мысль о них на один миг омрачила ее мечты, но только на миг. Жажда жизни и личного счастья опять победила угрызения совести.

## XV

Прокурор окружного суда Виктор Андреевич Гурьев сидел в кресле и с добродушной улыбкой смотрел на Казаринова, который метался по комнате, махая руками и извиваясь телом.

— Ну, будемте хладнокровны, — сказал наконец Гурьев, кладя себе на колено исписанный лист почтовой бумаги, — начнем ab ovo[3]. Вы подозревали...

— Никого или, вернее, всех, — перебил Казаринов, взмахивая руками, — я делал разведки, исследовал почву, взвешивал мотивы...

— Отлично! — Гурьев поднял, словно защищаясь, руку. — Является этот Иван, лакей убитого, и доносит на Долинина. Так-с! А следом за ним господин Захаров с повинной. Понимаю, понимаю, — остановил он Казаринова, уже замахавшего руками, — вы совершенно правильно арестовали его и были сбиты с толку. К вечеру он был без сознания переведен в больницу: по заключению врача, он уже дней пять как в нервной горячке и бреду. Ко всему, при обыске в кармане его брошенного пиджака нашли тот револьвер, которым якобы убил Дерунова и который бросил в реку.

Казаринов вздернул плечами и молча развел руками.

— Совершенно верно. Галлюцинация убийства — бред, и вы тут не виноваты. Но теперь? Вы подозреваете Грузова, вот письмо с доносом на господина Анохова, но у вас в подозрении только господин Долинин, вы только на него одного обратили внимание и арестовали его. Не поспешно ли это?

— Ах, Господи! Виктор Андреевич! — воскликнул

---

[3] Букв.: "от яйца" (лат.) — т.е. с самого начала.

Казаринов. — Все улики против него. Пропадал до ночи, рукав в крови, поводов так много, злоба так сильна и, потом, фельетон этот... Вы изволили читать фельетон?

— Да... положим, — согласился Гурьев, — но как же Грузов не видел тогда трупа. Объясните?

Лицо Казаринова приняло лукавое выражение.

— Он, кажется, Виктор Андреевич, в шашнях с прислугой Долинина и ушел задами не так рано.

— Это ваша догадка?

Казаринов кивнул.

— Гм! Ну, ваше дело! — Гурьев встал. — Я только об одном хлопочу, чтобы не было потом недоразумений. Эти лишние аресты, шум из-за этого, вот и председатель волнуется... А в то же время следствие надо кончать, кончать! Да! А письмо-то возьмите!

Казаринов простился и прямо из кабинета прокурора пролетел в свою камеру.

— Вот-с! — сказал он, кидая на стол удивленному Лапе письмо. — Читайте! Еще новый убийца! Тут черт ногу сломит.

Лапа лениво читал письмо.

— Ну что, — спросил Казаринов, когда Лапа дочитал.

— Чушь, — ответил Лапа, — он франт, трус. Где ему!

— Отлично-с! — с злорадством сказал Казаринов. — Грузов тоже ни при чем?

Лапа покачал головою.

— Я наводил справки, делал даже приватные обыски. Никаких намеков. Одежда та же, белье все цело, спокойствие духа и, потом, опять...

— Не такой человек! — докончил с усмешкой Казаринов.

Лапа кивнул.

— И Долинин невиновен, хотя против него все?

Лапа опять кивнул. Казаринов вышел из себя.

— Ну, а я говорю: он, он и он! И докажу это. Кого сегодня вызывали? — спросил он сухо. Лапа подал повестки.

— Опять Ивана этого.

— Вы велели.

— Отлично! Значит, надо. Еще кто? Грузов, Лукерья Воронова. Это кто?

— Прислуга Захаровых!

— А! — следователь поднял руку. — Разве не улика против него, что он приходил к больному Захарову и внушал ему признаться? А?

Лапа промолчал.

107

— Он, он! — повторил следователь и, сев на свое место, взял в руку звонок. Ну, начнем!

И, как прилежный паук, он принялся ткать паутину из свидетельских показаний, которые все плотнее и плотнее окутывали Долинина.

Все было против него, кроме его личного признания. Отсутствие алиби: окровавленный рукав пиджака и рубашки; свидание с Захаровым, обратившееся в улику, и, наконец, его отношения к Анне Ивановне, тайна души его, ставшая достоянием городской сплетни и судейской любознательности. Даже его статья, написанная им под впечатлением жгучего раскаянья за свою измену, и та против него!

Николай Долинин сознал опасность и из чувства самосохранения искал защиты. Он понимал ясно, что клятвы в невинности бессильны против улик и подозрения.

Лицо его побледнело и осунулось, глаза увеличились от черных кругов. Он все время или беспокойно ходил по камере, или лежал, с тоскою думая о позоре, который навлек на себя своим безумным поведением. Страшно быть обвиненным в пролитии крови ближнего; ужасно — невинным идти на каторгу, запятнав имя свое именем убийцы, но не менее страшно быть причиной позора любимой женщины! И если можно отбиться от тяжких подозрений в преступлении, то нет способа спасти ее от злоречья. "Жениться! — и Долинин злобно усмехнулся при этой мысли. — Значит, подтвердить все догадки. И согласится ли она на это?.." При этих мыслях рассудок оставлял Долинина. Он метался по камере и стонал, как раненый зверь.

Прав был Яков, говоря об осторожности...

И Николай снова метался. Он словно потерял под собою почву, и только при вызове к следователю к нему возвращалось относительное спокойствие.

В эти дни, как и всегда, брат его явился ему утешением и опорой. Не проходило дня, чтобы он не посетил его и хотя на время вернул ему утраченную бодрость.

И теперь он пришел, едва унесли от Николая обед, и крепко поцеловался с братом.

— А у тебя и чай! — весело сказал он, увидя на столе два чайника. — Отлично! Выпью с удовольствием, потому что устал достаточно.

— Где был? — спросил его Николай.

— Где? Все по твоему делу! Не беспокойся, все обстоит благополучно! Слушай! — и, забыв о чае, он стал говорить: — Вот твой день: ты ушел из дома около одиннадцати, сейчас после завтрака, и вернулся домой в истерзанном виде около двенадцати часов ночи. Теперь вопрос, где ты пропадал это время?

Николай развел руками и воскликнул:

— Если бы я знал где!

— Стой! И не это важно, а главное, как вошел ты в дом? Потому что, согласись, ты мог, возвращаясь домой, сделать это дело. И только следователь, непонятно почему, интересуется, где ты был.

— Он думает, что я выслеживал...

— Ну, и пусть! Теперь я хожу по людям и выслеживаю все твои шаги. И вот что покуда. Ты из дома отправился прямо к Деруновым и вышел оттуда минут через двадцать, по дороге ты встретил: самого Дерунова, Силина и Захарова. В половине первого ты был в яхт-клубе л взял лодку. Матрос говорит, что боялся дать тебе, но потом дал. Вернулся через час.

— Я был на острове, это я помню.

Яков кивнул головою.

— Ну, вот! Было уже часа два, погода стала хмуриться, ты из клуба ушел. Вероятно, ты ходил по берегу, туда, к тоням, и в четыре часа тебя застал дождь; ты спрятался в шалаше и там увиделся с Захаровым. Он убежал, ты остался. Я нашел рыбака, который видел тебя в шалаше часов в шесть вечера. Из шалаша ты снова пошел шататься и забрел на Соколову гору. Там, верно проголодавшись, ты пил молоко, было восемь часов. Пил ты молоко у Авдотьи косоглазой. После этого ты спустился и с Федотом-рыбаком ездил в слободу и распорол себе руку. Федот говорит, весло сломалось, и ты щепкой разрезал, а не багром вовсе!...

Николай с изумлением смотрел на брата, и лицо его начало озаряться надеждою.

— Брат, ты волшебник! — воскликнул он, но Яков остановил его.

— Подожди! Ведь это было восемь часов. Ну, в половине десятого вы вернулись. Допустим, что ты пошел прямо домой и поспел к двенадцати. Но кто тебя здесь видел?..

— Брат! — вдруг воскликнул Николай, быстро вставая со стула. — До самой калитки меня провожала нищая с ребенком. Я даже боялся, что она хочет подбросить тебе ребенка, и, войдя в калитку, несколько раз оглянулся. Было темно, но я видел ее фигуру, и она, вероятно, видела меня! Найди ее!

Яков радостно хлопнул по столу.

— Вот след! — сказал он. — Я говорил, что человек не может быть не замечен и затеряться, как игла. Я обойду все трущобы, я найду ее! Будь покоен. Ну, а теперь пора. Тебе ничего не нужно?

Николай нахмурился.

— Если ты можешь, узнай: верит она, что я убил, или нет?

Яков крепко обнял брата.

— Хорошо! Я сам принесу тебе от нее ответ. Ну, до свиданья! А что еще?

— Пока ничего. Скучно, не читается, не пишется...

— А ты попробуй!

Яков поцеловал его еще раз и пошел домой. Что Николай невинен и он докажет это, Яков не сомневался, но все-таки тяжело ему было на душе не только: от того, что подозрения легли на его брата, но что они поколебали даже его сердце. И при всей любви своей к Николаю его честная душа не могла не упрекать его.

Придя в контору, он сел к своему столу и стал пересматривать еще не вскрытые письма. Одно из них, видимо, поразило его, и он отложил его в сторону.

В это время звякнул дверной звонок, и в комнату ввалился купец Пеливанов, местный кабатчик и лесоторговец. Это был огромный мужчина с багровым лицом, толстым пузом, одетый в длиннополый сюртук и в сапогах бутылками.

— Уф! — запыхтел он, вытирая красным платком вспотевшее лицо. — И жарища же! Якову Петровичу мое почтение!

Он протянул Долинину широкую руку с короткими, как обрубки, пальцами и, сев подле стола, стал снова вытираться платком и пыхтеть.

— Беда с этой жары, — заговорил он, — вода чуть не неделей раньше спала. Плоты, того и гляди, не дойдут. Убытки одни, прости Господи!

Долинин смутно почувствовал цель его прихода и, не поддерживая разговора о погоде, прямо спросил его:

— С чем пришли, Евграф Семенович?

— Дельце есть к тебе, Яков Петрович, видишь ли... — Поливанов замялся и снова прибегнул к платку. Вытираясь им, он заговорил: — Ты уж не обидься, я по душе, значит, с тобою. Бумаги-то свои, дела то исть, хочу к Лукьянову перевести, потому как это с твоим братом... оно и не того. Ты уж, Бога ради...

Долинин перебил его.

— Я сам думаю закрыть контору, — сказал он спокойно, — и вы только предупредили меня. Документы я велю ваши приготовить и передам, а книги будут у старшего нотариуса.

— Ну, вот, вот! А как братнино-то дело? Сидит?

— Сидит! — ответил нехотя Яков.

— Ох! — вздохнул Пеливанов. — Все мы под Богом ходим. Истинно говорится: от сумы да от тюрьмы не отрекайся! Ну, прощения просим! — он тяжело поднялся, протянул свою лапу и, пыхтя, пошел к выходу.

Долинин с грустной усмешкой посмотрел ему вслед.

Он уже предвидел это. Ему ли не знать нравов города, где он родился, вырос и возмужал... И все-таки жалко расставаться с делом, с которым он сжился.

Он не слышал, как в контору вошел Грузов, и когда поднял голову, то увидел его старательно переписывающим бумаги.

— Где были? — спросил его Долинин.

— У следователя, — слегка смущаясь, ответил Грузов и подобрал вытянутые под столом ноги.

Некоторое время они сидели молча, потом Долинин с усилием произнес:

— Антон Иванович!

— Чего-с?

— Как мне ни грустно, но нам придется с вами расстаться...

Грузов застыл с пером в поднятой руке и испуганно взглянул на своего принципиала[4].

— Я решил закрыть контору, — продолжал Долинин, — при теперешних условиях я все равно потеряю всю практику.

— Но ведь братца вашего оправдают, — сказал тихо Грузов.

— Я надеюсь, — ответил Долинин, — но это все равно. Так вот, — словно торопясь, сказал он, — в месяц приведем все дела в порядок и сдадим их. За это время вы приищите себе место. Я же завтра думаю сделать заявление о сдаче своей конторы.

Грузов насупился, отчего верхняя его губа вытянулась далеко вперед и стала походить на хобот.

— А теперь можно и кончать. Уже четыре часа! — Долинин встал, пожал руку Грузову и ушел в свой кабинет.

Он отказался от обеда и лежал на диване до позднего вечера. Потом вдруг поднялся, что-то вспомнив, спустился в контору, взял письмо, заинтересовавшее его, и, надев шляпу, вышел из дома.

Грузов зашел к Косякову и застал его за игрою в карты. Он играл с женою в дурачки. Когда он проигрывал, Софья Егоровна хлопала в ладоши и радостно кричала:

— Остался, остался!

_____

4 Принципиал — глава, хозяин.

— Что нового? — спросил Косяков, сдавая карты. Грузов сел подле него и мрачно ответил:

— Яков Петрович закрывает контору! Я без места!

— Фью! — свистнул Косяков. — Подожди, и мы богатыми будем. Есть чего печалиться. Ходи! — сказал он жене.

Грузов недовольно поднялся, не встретив сочувствия друга, и прошел к себе. Там он долго рассматривал верхнюю губу в зеркало, помазал ее мазью, потом взял гитару и стал тихо наигрывать, погруженный в меланхолические думы.

Яков Долинин прошел несколько улиц и позвонил у дверей полковницы Колкуновой.

— Отворяйте, отворяйте, не заперто! Ах, кого я вижу! — услышал он слащавый голос и, оглянувшись, увидел полковницу, которая посылала ему поцелуй и кивала из раскрытого окошка.

Долинин нахмурился и вошел в переднюю.

Колкунова уже стояла в дверях гостиной с папиросою с левой руке и, широко улыбаясь, отчего с ее обвислых щек сыпалась пудра, говорила:

— Ах, Яков Петрович, как я довольна! Нас все, все оставили, и теперь, когда мой бедный зять вышел из тяжелого испытания белее снега, вы, как ангел-утешитель, являетесь в наш напрасно опозоренный дом!

И все время, пока она произносила эти слова, вздыхая и закатывая глаза, она тискала руку Долинина, словно доила ее, и незаметно влекла его в гостиную.

Долинин неохотно перешагнул порог комнаты.

— Мне, собственно, у вас... — начал он, но полковница перебила его, указывая на входящую в другие двери Екатерину Егоровну.

На ней было черное платье, что прекрасно оттеняло цвет ее лица, и кружевная косынка. Подойдя к Долинину, она с тяжким вздохом подала ему руку.

— Катя, благодари Якова Петровича за внимание, — возгласила полковница, — несмотря на то, что брат его ввергнут на место нашего Александра, он все-таки пришел выразить нам...

— Авдотья Павловна, — не выдержал наконец Долинин, — я пришел по делу к вашему жильцу, Алексею Дмитриевичу, и у меня совершенно нет времени. Будьте добры, укажите, как мне пройти к нему!

Полковница подняла брови, отчего резкой чертой треснули на лбу ее белила, и раскрыла рот, но в этот миг в дверях показался Лапа:

— А я — то вас жду, Яков Петрович! Пожалуйте! Вот сюда! — он взял его под руку и повел по коридору.

— Невежа! — донесся до них презрительный голос полковницы.

— Навязчивая баба, — сказал Лапа, вводя Долинина в свою комнату, — я теперь домой иногда в окно лазаю. Садитесь, чаю нет. Феня со двора ушла. Добрая девушка и со способностями. Курите?

Лапа подвинул к Долинину папиросы и опустился на диван, придвигая гостю кресло.

Долинин сел.

В провинции все друг друга знают; и Долинин знал Лапу, но он в первый раз был у него в гостях и входил в более близкое общение, чем обыденная встреча двух внешне знакомых.

— Я получил от вас письмо, — начал Долинин.

— И пришли, — перебил его Лапа, — что и требовалось, хотя я, собственно, просил вас так больше...

— То есть как так? — не понял Долинин.

— Поговорить просто. Думаю, сокрушаетесь о брате, ну, я и того... поговорить!

Лапа не казался сегодня сонным, как обыкновенно, и из-под его тяжелых век бойко и пытливо глядели маленькие глазки.

— Напротив, я занят, — сказал Долинин, — у меня теперь много хлопот и работы. Я ищу... — но, вспомнив, что Лапа письмоводитель следователя, он замолчал.

Лапа усмехнулся.

— Всех лиц, которые его в тот день видели, — досказал он, — положим, хорошо и это, хотя лучше, — он лукаво подмигнул Долинину, — искать самого убийцу.

— Где мне искать его, для этого нужно быть близко к делу, да и не по мне это.

— Да, — подтвердил Лапа, — сноровка тут. Главное, сноровка и потом приметы. Думали ли вы, почему так упорно показывает против него Иван? А?

— Иван? Кто это?

— Лакей Дерунова.

Долинин пожал плечами.

— Вот то-то и есть. Откуда же известна нам тайна любви, письмо и все прочее? — сказал Лапа, протягивая руку к этажерке и доставая с нее тонкую тетрадь в синей обложке. — Так вот, откуда в нем ненависть? А?

— Не могу понять!

Лапа покачал головою.

— А помните вы повесть вашего братца под названием "Утопла"?

— "Утопленница", — поправил Долинин.

— Вот, вот! — кивнул Лапа. — А что там описано?

— Смерть девушки у Дерунова. Я вскоре после этого происшествия ездил в Петербург и рассказал ему, а он написал.

— Хе! А как он написал: барин соблазнил, лакей помогал! Да-с! А лакей-то — Иван, а Иван был женихом ее, да еще Иван грамотен и самолюбив. Вот-с! — Лапа поднял палец.

— Что же из этого?

— Из этого — клевета на вашего братца и, кроме того... извольте прослушать!

Лапа стал читать из синей тетрадки сухие выдержки, но они настолько заинтересовали Долинина, что он не заметил, как прошло время. После чтения он еще некоторое время говорил с Лапою и потом взялся за шляпу. Лапа поднялся проводить его.

— Это гипотеза, понятно, — сказал он на прощание. — Нет, сюда! Я вас выпущу с заднего хода, через дверь, а то полковница, пожалуй, и стережет вас. Собаки не бойтесь!

# XVI

Анохов, казалось, не уезжал из города, а обращался в бегство, так лихорадочно-поспешны были его сборы. С Петербургом он связался при помощи телеграфа, и едва получил оттуда благоприятный ответ, как тотчас стал укладываться. Ловкие артельщики с вокзала пришли в его холостяцкую квартиру и захлопотали, срывая со стен, снимая, свертывая и плотно упаковывая разный хлам в ящики.

Мебель он скоропалительно продал, частью своему другу Краюхину, частью знакомым офицерам местных войск.

И — велико ослепление любящих женщин — Елизавета Борисовна с нервным нетерпением торопила его отъездом.

Накануне она провела у него весь вечер, несмотря на то что Сергей Степанович уже был в городе и сплетня каждый час могла дойти до его слуха.

— Эх, что мне до него, до всех! — отвечала она на рассудительные предостережения Анохова. — Я иногда хочу, чтобы вдруг все узнали и мы бы на глазах всех оставили этот мерзкий город!

114

Анохов деланным смехом подавил свое смущение.

— Я теперь несколько оживаю, — в тот же вечер говорила она, — зная, что ты едешь в Петербург. Это уже половина дела. Еще немного, и следом за тобою я! Ты позовешь меня скоро? Да? Ты соскучишься обо мне?

— Месяц, два — и я тебя выпишу, — обещал Анохов, досадливо жмурясь от ее поцелуев.

Она приникла к нему.

— Я не выдержу и этого срока. Знаешь? — она лукаво посмотрела на него. — Я отпрошусь у мужа и за это время приеду навестить тебя, так, взглянуть! Взгляну и уеду...

Анохов замер на мгновение, и лицо его вытянулось, но она не видела его лица, а слышала только его ласковый голос.

— Как только получишь от меня письмо, так и приезжай. Я буду очень рад.

— А пиши опять через портниху...

Их разговор принимал то деловой тон двух соучастников, то мечтательный тон влюбленных, смотря по тому, кто начинал его после перерыва.

Был одиннадцатый час вечера, когда она чуть не задушив его своими объятиями, осыпав поцелуями его лицо, смеясь и плача, рассталась с ним.

— Уф! — вздохнул он с облегчением. — Последний сеанс! Сумасшедшая женщина, черт бы ее побрал. Измучила! Ха-ха-ха, в Петербург взять! На диво всем! И до чего можно додуматься в момент влюбленности... брр... мороз по коже.

В комнату осторожно заглянул слуга.

— Готовь постель! — приказал Анохов.

Полчаса спустя он уже лежал в постели и, засыпая, думал: "А ведь с нее станется. Не пройдет недели, и закатит в Питер, а там скажет: не хочу домой ехать. Все может сделать... Нет, баста! Приеду и сейчас же из Питера вышлю ей чистую отставку. Прямо из дядиной квартиры".

Провожать Анохова собралась целая компания. Он считался в городе славным малым, умеющим жить, и его любили как веселого собеседника и доброго товарища. На вокзале в буфете сидели: правитель канцелярии, несколько сослуживцев, непременный Краюхин и знакомые по клубу и кутежам. Анохов, в светлой паре мышиного цвета, с сумкой через плечо, сиял удовольствием.

За сытным завтраком, обильно поливаемым вином, Краюхин завладел беседою и теперь уже все общество, а не одного Анохова, посвящал в содержание своей будущей обвинительной речи.

— Молодой писатель, — говорил он, — и это для меня гораздо приятнее, чем обвинять какого-то полудикого бухгалтера, в порыве ревности убившего любовника своей жены. Это вполне понятно. А здесь, — Краюхин поднял палец, и пухлое лицо его приняло торжественное выражение, — дело общественного значения! Культурный человек, как дикарь, отдается чувству! Нет преграды желаниям! Он влюбляется в замужнюю женщину, попирает этим священные устои и, мало того, стремясь к достижению цели, убивает ее мужа! Помилуйте! И так у нас слишком легко смотрят на брак, измены заурядны, нравственность падает. Что же будет, если мы эти измены введем в обычное явление, если мы, разнуздав свои чувства, отдадимся на волю страстям? Станем убивать мужей, любовников? Да этак жить нельзя будет! Нет, тем и дорога культура, что она отводит первое место не инстинктам и чувствам, а разуму, и культурный человек обязан во имя общественного блага уметь подавлять свои чувства!

Краюхин долго бы развивал эту тему, если бы не ударил второй звонок и носильщик, подхватив вещи Анохова, не увлек бы его в вагон. Провожавшие гурьбою устремились на перрон, и Краюхин отложил свою речь до отхода поезда.

Анохов стоял в дверях вагона.

Пробил уже третий звонок и зазвенел обер-кондуктор, когда вдруг сквозь толпу прорвался господин в потертом пиджаке, фуражке и растерянно воскликнул:

— Господин Анохов, как же это?

Поезд уже медленно двигался. Анохов широко улыбнулся и стал махать шляпою на возгласы провожавших.

— Господин Анохов! — воскликнул еще раз Косяков, а это был именно он, но поезд уже набирал ход, и Анохов, вероятно, не слыхал его возгласа.

Косяков опрометью бросился в контору Долинина и, забывшись, влетел в нее, громко зазвенев дверным звонком.

Долинин поднял голову от бумаг и вопросительно взглянул на него. В то же время Грузов, покраснев от смущения, быстро вскочил на своих журавлиных ногах и, поспешно взяв шляпу, неуклюже вышел из-за стола. Косяков пришел в себя и, сняв фуражку, с чувством достоинства поклонился Долинину.

— Прошу извинения, — сказал он, прижимая фуражку к груди, — глубоко взволнованный неприятным происшествием, поспешил излить свое сердце к приятелю и в волнении забыл правила этикета. Прошу великодушно!

Долинин, видя смущенного Грузова, нерешительно державшего в руке шляпу, сказал ему:

— Можете идти, Антон Иванович, со своим приятелем. Наше дело не горит. Отдохну и я!...

Грузов пожал руку Долинину и вышел. Косяков еще раз прижал фуражку к груди:

— Прошу великодушно... — И пошел следом за Грузовым. Едва они вышли на улицу, как Грузов обернулся к Косякову с упреком на лице.

— Я тебя просил, Никодим. Какая неосторожность!

Косяков строго взглянул на Грузова.

— Это что я к нему вошел? Что, так сказать, обнаружил твое знакомство со мною?

Грузов смутился.

— Да... То есть нет... но если человек с известным положением и если вдруг его ожидает, может быть, карьера... — забормотал он, сбиваясь под строгим взглядом своего друга.

Косяков вдруг остановился и, прислонясь к фонарному столбу, сложив на груди руки, сказал:

— Объяснимся!

Грузов растерялся.

— Я, Никодим, ведь так... я, собственно. Ты, собственно, про что важное...

— К черту важное! — заорал, внезапно приходя в раздражение, Косяков. — Объяснимся!... Ты мне намекал не раз на это, но я игнорировал, пропускал мимо ушей! Да! Теперь довольно! Что ты хочешь сказать? Что Никодим Косяков тебе не пара, что связь с ним роняет тебя в глазах общества, да? Косяков, отставной корнет, бывший богач, тебе не пара? — Косяков в азарте ударил себя по груди и придвинулся к Грузову.

Грузов подогнул колени и растерянно смотрел на взволнованного друга, а тот, все возвышая голос, продолжал:

— Со мной генералы дружили! Я — дворянин! А ты простой мещанинишка, и вдруг такая фанаберия! А? Так знай, я брошу тебя, и - все. У меня все в руках, и шиш тебе, коли ты скотина! — он гордо махнул рукой, повернулся и пошел по улице.

Грузов некоторое время стоял, сраженный неожиданностью, но потом сразу опомнился и в три гигантских шага нагнал оскорбленного друга.

— Никодим, Никаша, — забормотал он, хватая его за плечо, — прости, я ведь не то, не того. Ну, обругал, и будет! Никодим, ведь я душою...

Косяков презрительно отодвинул плечо.

— Как честный человек! — продолжал испуганный Грузов. — Хочешь, завтра пойдем в контору вместе. Я тебя с ним познакомлю. Ну, брось, Никодим, вот и "Медведь"! Зайдем, выпьем!

Отчаянье внушило ему эту блестящую мысль; блестящую потому, что это предложение сильнее всего, сказанного Грузовым, поразило Косякова. Он приостановился и сказал отрывисто:

— Я прощаю! Но в последний раз. Никто не смеет зазнаваться перед Косяковым. Зайдем!

Грузов облегченно вздохнул и, отворяя — перед Косяковым гостеприимную дверь, говорил:

— Ну, вот, ну, вот! А то ссориться!...

Они сели в углу за столиком, и Косяков, выпив две рюмки и поправив пенсне на носу, с убеждением сказал:

— Потому что я не подлец! Не то бы отлично тебя спустил побоку!

— Ведь я знаю, Никаша, — заискивающе ответил Грузов, — говори теперь, какие новости?

— Анохов удрал!

— К-к-как? — Грузов, приготовившись выпить, поставил рюмку на стол и откинулся к спинке стула.

— Так! Должен был сегодня деньги заплатить — и удрал! Да еще смеется, каналья. Кланяется! Я его на вокзале видел.

Грузов растерянно посмотрел на приятеля.

— Как же теперь? — сказал он. Косяков резко ударил ладонью по столу.

— Не прощу этого! — воскликнул он. — Сегодня же письмо к его бабе, и - шабаш! Только теперь не пятьдесят, а сто!

— Сто! — Грузов сразу просветлел и весело закивал головою. — Так, так! Ты теперь им не спускай. Сто! И требуй выкупа. Вот!

— Ничего! — с усмешкой ответил Косяков. — По сто в неделю! Ха-ха-ха!

— Хе-хе-хе, — подхватил Грузов и потребовал еще пива и водки.

— Поживем! — сказал Косяков.

— Ах! — вздохнул Грузов, и лицо его приняло мечтательное выражение.

— Мамаша, — говорил он два часа спустя своей матери, сняв пиджак и сапоги и развалившись в кресле, — может быть, вас ожидает большое счастье. Может быть, сын ваш тыщи иметь будет!

— Дай Бог, Антоша, дай Бог! — с умилением сказала старуха и таинственно спросила: — Женишься, что ли?

— Отчего и не жениться тогда, — мечтательно сказал Грузов, — взять такую с музыкой и чтобы из пансиена!

— Ах, дай Бог, Антоша, дай Бог!

Грузов размечтался.

— Дом этакий на широкую ногу! Вечера, общество, танцы... приду со службы — кататься. Ландо этакое, пара лошадей и на козлах этакий кучер, — Грузов взмахнул руками. Антонина Васильевна слушала его и с умилением смотрела на его мечтательное безусое лицо.

Косяков в это время сидел за своим столом и старательно писал:

"Милостивая государыня, ввиду внезапного для меня отъезда господина А. и задержки связанного с его присутствием дела, считаю нужным просить вас обеспокоиться и неотложно явиться в городской сквер к двенадцати часам пополудни на шестнадцатое число сего месяца для принятия от меня к сведению весьма важных сообщений по делу, не терпящему никакого отлагательства".

— Так, — сказал он себе, перечтя письмо, — подписи не надо! Теперь конверт!

И, взяв, конверт, он надписал адрес, прибавив: "Немедленно, в собственные руки".

— Так! — повторил он, заклеивая конверт и вставая.

— Ну, сорока, соскучилась? — спросил он жену.

Та кивнула ему с кресла.

— Очень! Да я привыкла! Только вот с людьми беда!

— А что?

— Опять был мужчина. Тот, что раньше. Рылся, рылся. Я кричала, а он ничего!

Косяков встревожился.

— А где же старуха была?

— Не знаю. Я и ее звала. Нет, лучше, Никаша, ты мне камней принеси. Я, ей-Богу, кидать буду, а то что я? Я калека.

— Камней, камней! — повторил Косяков. — Глупости. Запирать тебя буду!

Она вдруг горько заплакала.

— Если пожар вдруг, я сгорю?

— Вытащат! — ответил Косяков и пошел спать за занавеску. Там он долго беспокойно ворочался. Второй раз приходит какой-то неизвестный ему мужчина и роется у него. Смутное подозрение закралось в его душу. Он вдруг вскочил с кровати и подошел к жене.

— Ну-ка, — сказал он ей, — обними меня! Вот так! Ну! — он

нагнулся, обнял ее, подхватил под ноги и, кряхтя, перетащил на кровать. — Полежи немного, — сказал он.

Вернувшись назад, он отвернул кусок драной материи на сиденье ее кресла и заглянул под обивку. Пакет в белом конверте лежал на том же месте.

Косяков облегченно вздохнул и, вернувшись к жене, посадил ее снова в кресло.

— Никаша, не запирай меня! — проговорила она.

— Ладно, там увидим! — ответил он. — Теперь сиди смирно да гадай. Посплю, в дураки сыграем!

· · · · · · · · · · · · · · · · · · · · · · · · · · · · · · · ·

А все это время, с остановками в четыре и десять минут, мчался поезд, унося Анохова все дальше и дальше на север. Анохов оживал, и с каждым часом самоуверенные мечты овладевали им все сильнее. Пережитое уже казалось сном, а пылкая Можаева смутным призраком. Чтобы рассеять его, нужно только ничтожное усилие, и Анохов уже с улыбкою обдумывал содержание своего письма к ней.

# XVII

Человек хотя и не может жить без общества, тем не менее время от времени душа его жаждет полного одиночества и покоя, жаждет отдыха от беспрерывных впечатлений и переосмысления их. И чем богаче одарена душа, тем чаще она прибегает к одиночеству как освежительной ванне. Душа порочная, напротив, боится одиночества и ищет забвения в суете и шуме. Но одиночество одиночеству рознь, и, если в другое время на личное усмотрение Николаю Долинину предложили бы просторную комнату с чисто выбеленными стенами, обеспеченное содержание и невозмутимый покой, он, быть может, с радостью бы принял предложение, не обратив внимания на то, что окно помещено на два аршина от пола, что мебель состоит из необходимых кровати, стола и — как милость — двух табуреток. Быть может, в этом уединении он, как Сильвио Пеллико, обессмертил бы свое имя, — но теперь... посаженный в тюрьму против воли, с позорным подозрением, с будущим, в котором он видел долгие годы страданий, — это одиночество являлось для него сплошным мучением. Трудно было в его возрасте, с его характером покорно подчиниться слепой и несправедливой судьбе, и, бессильный для активной борьбы, он задыхался от гнева.

Лицо его осунулось и побледнело, глаза горели, движения приобрели нервную торопливость, и он стал болезненно раздражителен и резок. И в то же время любовь к Анне Ивановне, разжигаемая препятствиями, охватывала его, как безумие, и он сгорал, мечтая о ней. Не проходило дня, чтобы он не передал брату письма к Анне Ивановне и не спросил бы о ней, и только раз получил от нее в ответ всего две строчки: "Мы оба наказаны за преступные мысли. Молитесь за меня, как я за вас!"

Эти строки привели его сперва в ярость, потом у умиление. Он глумился над ними, а потом целовал из и обливал слезами. Непостижимое что-то установило, между ним и ею, и он еще сильнее разгорался к ней любовью при сознании этой тайной преграды. Воображение воскрешало перед ним картины его юношеской любви. С каким доверием, с какою чарующей смелостью, будучи девушкой, она отдавалась любви. Казалось, нет для нее, рядом с ним, никаких страхов! И какой испуганной и вместе с тем неприступною она явилась потом, сделавшись женою ненавистного человека, и теперь, снова обратившись в свободную женщину. Какая-то тайна совершилась в душе ее, и он, якобы писатель, не имеет ключа к этой тайне!...

Было утро. Николай отпил утренний чай, сторож убрал посуду, и Николай монотонно ходил из угла в угол по своей камере, когда в коридоре раздались шаги, остановились подле его двери, и Николай услышал звон ключей. Он приостановился посередине комнаты. Дверь раскрылась, и в камеру, приветливо кивая лохматой головой, вошел Полозов, редактор-издатель местного "Листка".

— Наконец-то я вас увидел, мой дорогой! — заговорил он с порога, идя к Николаю с протянутыми руками. — Как добивался я вас видеть, если бы вы знали! И вот только теперь получил разрешение от самого Гурьева. Ну, как вы чувствуете себя, Николай Петрович, ваше здоровье? — он пожал руку Николаю и сел на табурет, смотря на Николая через очки, для чего наклонил свою лохматую голову, словно хотел забодать. Николай с недоумением смотрел на Полозова.

— Благодарю, здоров, — ответил он, — чувствую же себя, как чувствовали бы, вероятно, и вы, сидя в остроге по подозрению в убийстве.

Полозов заерзал на табурете и делано засмеялся.

— Хе-хе-хе! Такой же острослов! Однако это гадко, гадко! Я говорю про упадок духа. Помилуйте, здесь, в таком уединении при вашем таланте, да я бы... я бы воспарил! — и он, вскочив, взмахнул руками, как бы воспаряя.

Николай усмехнулся.

— Нет, ей-Богу, — сказал Полозов ласковым голосом, снова садясь на табурет. — Ну, что вам стоит? Оправьтесь! Знаете, чтобы оживить вас, что я вам предложу?

— Написать фельетон? — с усмешкой сказал Николай.

— Именно! — подхватил Полозов, тряхнув головою. — И, чтобы вам веселее было, я дам вам десять копеек, ну пятнадцать за каждую строчку! — он снял очки и с лучезарной улыбкой взглянул на Николая. — Милушка мой, пятнадцать копеек.

— Что же я напишу вам? Я ничего не знаю, никуда не выхожу, никого не вижу.

— Душечка, что хотите! Фантазию, так что-нибудь, стихи, рассказ, свои впечатления.

— Фурор! — усмехнулся Долинин. — Подписать: "Июль. Местный острог"? Лишних тысяча нумеров по пятаку. Так?

— Так, так! Усиленная подписка. Смерть "Газете"! — Полозов встал и нежно взял Николая за руки. — Так вы согласны, милушка? А?

Николай молчал. Полозов сделал грустную мину.

— Вы, дорогой, моя надежда. Степан Иванович изменил. Обещался мне одному, пишет и в "Газету"...

— Вы ему отказали?

— Разве можно? — Полозов развел руками. — Эта гадина Стремлев только рад будет, а мне убыток. Потом, тогда другое дело, но теперь... Милушка!

— Многоуважаемый Николай Петрович! — вдруг раздался с порога крикливый голос, при звуке которой Полозов отскочил от Николая, как резиновый мяч, и грозно нахмурился.

В камеру, семеня ногами, вбежал Стремлев, но при виде Полозова запнулся сразу и остановился, не добежав до Николая. Лицо его исказилось язвительной улыбкой.

— Вот-с как, уже пролезли? Бойко! — сказал он Полозову, забыв о Николае.

Полозов грозно сверкнул очами и сказал:

— Николай Петрович старинный мой сотрудник. У меня не хватило бы наглости лезть к постороннему человеку!

— Хе-хе-хе, — язвительно заметил Стремлев, — скажите: "благородство"! Вас, сколько я знаю, никогда раньше не трогало несчастие ближнего. Вы на них только спекулировать можете...

— Однако я чужих сотрудников к себе не переманиваю!

— Хуже-с! — ответил Стремлев, хлопая себя руками по бедрам. — Вы у своих выманиваете сведения и печатаете будто от себя.

— На строках не обсчитываю, — волнуясь, не отступал Полозов.

— Ах, скажите! А несчастному корректору три часа учли?

— Подписчиков не ворую...

— А кто ворует? Позвольте узнать?

Стремлев, как петух, подбежал к Полозову и смотрел на него в упор сверкающими выпуклыми глазами. Полозов отодвинулся.

— Вы сами знаете, кто у Антипова за три рубля адреса купил, — ответил он, — я такой подлости никогда не допущу.

— Хе! — заволновался Стремлев. — Вы хуже, вы статьи из набора к себе берете, вы в прошлом году с подписным листом по домам ходили, вы!... — взвизгнул Стремлев, прыгая и ударяя себя по бедрам.

— Ну, вы! — Полозов сделал угрожающий жест рукой, но в эту минуту в камеру вошел Яков Долинин.

— Брат! — обрадовался Николай.

Стремлев и Полозов наперегонки бросились здороваться с его братом, искоса бросая друг на друга злобные взгляды.

Николай с улыбкой обратился к ним.

— Простите, — сказал он, — ко мне пришел брат, и мы будем говорить о деле.

— Ну, ну, ну, — добродушно ответил Полозов, — я понимаю, мой друг, вполне! До свиданья покуда. Так я надеюсь? — прибавил он, пожимая Николаю руку с видом заговорщика.

Стремлев, вздохнув, тоже подошел к Николаю.

— Жалею, что зашел в столь неурочный час. Надеюсь, что в следующий... вы еще не дали слова? — он так же таинственно пожал Николаю руку и вышел, бросив презрительный взгляд на Полозова.

— Зачем они были? — спросил Яков, когда оба представителя местной печати скрылись.

Николай махнул рукой.

— Просили фельетон. Вот если бы петербургские так искали моего сотрудничества! — усмехнулся он, но лицо его тотчас приняло озабоченное выражение. — Ну, что она?

— Весенина не было, и письма я не получал, — ответил Яков.

Николай опустил голову.

— Закатилась звезда моя! — печально сказал он. — Знаешь ли, все эти дни и ночи я твержу одно: "Душа моя болит и тоскует... Милая, где ты?" не знаю, откуда это? Свое или чужое? Но в этих словах мое настроение.

Он сел на постель. Яков придвинулся к нему и, положив на его колено руку, ласково сказал:

— Зато я тебя обрадую!

— Чем? — Николай поднял голову.

— Вероятно, завтра тебя освободят.

— Ты шутишь? — Николай вскочил на ноги, снова сел и, схватив руку Якова, впился в него глазами. — Правда?

Яков радостно кивнул ему.

— Как? — Николай дрожал, как в лихорадке.

Яков на миг отвернулся, чтобы скрыть свое волнение, и потом заговорил:

— Помнишь, ты сказал мне про нищую с ребенком, что проводила тебя? (Николай кивнул.) Ну, я нашел ее! После этого я был у Гурьева, а сегодня ее допрашивают. Гурьев сказал, что он ни минуты не думал, что ты виновен...

— Брат, брат! — воскликнул Николай и, вскочив, обнял его. Грудь его вздымалась от волнения, он чувствовал, как спазмы сжимают ему горло.

— Как мне благодарить тебя!

— Не меня, — ответил Яков, — а одного человека. Ты потом сходишь к нему. Он мне и эту бабу сыскал, и, кажется, на убийцу набрел! Я обещал ему, что ты поможешь в открытии его!

— Все сделаю! — горячо ответил Николай. — Так завтра?

— Вероятно, — сказал Яков.

Завтра... Сутки, отделявшие Николая от этого блаженного часа, казались ему вечностью. Свобода! Право сидеть дома или выйти из него, идти куда угодно, на сколько угодно времени! Только тот, кто испытал неволю, может понять все блаженство благословенной свободы; как голодный понимает голод, так неволю и весь ужас ее понимает только заключенный.

Николай преобразился. Стан его выпрямился, и он снова смело смотрел вперед. Ведь не мог же брат надсмеяться и так грубо обмануть его! В первый раз он радостно приветствовал наступившую ночь и торопливо улегся в постель, желая заснуть и проспать вплоть до часа желанной свободы. Но сон долго не давался ему. Грезилась Анна Ивановна, свидание и объяснение с нею, думал он о новом счастье семейной жизни и давал обеты честно и неустанно трудиться. Словно из горнила чистилища

124

выходила душа его, просветленная, примиренная, полная надежды и силы.

Он заснул и радостно проснулся под шум отворяемой двери. Сторож внес таз с водою для умывания и самовар с посудой.

"Когда же будет свобода и как она явится? — думал Николай. — Кто будет ее вестником?"

Он отпил чай и в волнении зашагал по камере. Дверь отворилась снова.

— Вас просят к господину следователю, — сказал сторож.

Николай взял шляпу, и вдруг ноги его подкосились. Часовой, его обычный спутник по коридору и по двору, на сей раз его не провожал. Он радостно, быстро пошел знакомой дорогой и смело отворил дверь в камеру следователя.

Казаринов приветливо поднялся к нему навстречу и протянул ему руку.

— Считаю долгом объявить вам, Николай Петрович, — сказал он торжественно, с сияющим лицом, — что вы свободны! Следствие сняло с вас подозрение.

Николай крепко пожал руку следователя и сел.

— Кому я обязан этим?

— Показанию нищей!

— Но ведь я говорил вам о ней раньше! — не выдержал Николай, и в словах его прозвучал упрек. Следователь смущенно пожал узкими плечами.

— Что поделаешь? Я делал вызовы ей, она не являлась, и я не считал себя вправе оказывать вам особое доверие. Для меня до вчерашнего дня ваша нищая была мифом.

— Кто же убил? — спросил Николай. Следователь опять пожал плечами.

— Простите, это пока служебная тайна, но правосудие не дремлет! — он поднял угрожающе руку. — И убийца будет настигнут карающей десницей закона.

Николай встал и протянул следователю руку.

— Жму руку, — сказал он, — направляющую карающую десницу закона!

Он подошел к Лапе, который лениво поднял голову от стола и бросил сонный взгляд на Николая.

— До свидания, — сказал ему Николай.

— Здесь принято говорить "прощайте"! — произнес Лапа, снова опуская голову.

Николай вышел. Казаринов взволнованно прошелся по кабинету и сказал:

— Алексей Дмитриевич, это черт знает что! Опять промах! Кто же убил?

— А? Что?

— Тьфу! Я говорю, кто убил?

— Кто-нибудь да убил, — равнодушно ответил Лапа.

— Это и я знаю! — Казаринов резко повернулся. — Анохов? Грузов?

— Арестуйте их по очереди! — ответил Лапа.

— И арестую! — закричал следователь, выходя из себя. — О, черт! Вот ведь попалось дело. Будь у нас сыщики!...

Николай вышел из камеры и в коридоре увидел Якова с чемоданом в руке. В этом чемодане было все имущество Николая, взятое в тюрьму. Он подбежал к брату и порывисто его обнял.

— Ну все, слава Богу! — сказал радостно Яков. — Идем же!

Когда они вышли на улицу и Николай увидел яркий свет солнца, быстро идущих людей, экипажи, силы на миг оставили его. Он опустился на скамью, что стояла у дверей суда, и несколько времени сидел, лишившись сознания. Глаза его с детским восторгом смотрели перед собою, а по лицу разлилась и застыла блаженная улыбка. Яков стоял подле него и сквозь слезы смотрел на его измученное, но светящееся лицо.

# XVIII

Великое чувство свободы, безумная радость от сознания, что грозный призрак суда и позора отошел в сторону и не вернется больше, целый день владели Николаем и погружали его в блаженное состояние. Говорил ли Яков, или кухарка, или дворник, он всем радостно улыбался и весело кивал головою, на дворе и в палисаднике он с невыразимою любовью смотрел на кусты и деревья; у себя в комнате, перебирая бумаги и книги, он даже заплакал от прилива счастья. Казалось, новая жизнь развертывалась перед ним, и вечером, за ужином, он с волнением сказал брату:

— Я испытываю необыкновенное счастье. Я будто заново родился! Веришь ли, для меня теперь все ново, и в то же время пережитый мною опыт осталя со мною. Все теперь за мое счастье. Я повидаюсь с Аней, между нами выяснятся все недоразумения (я знаю, она любит меня!), и впереди жизнь, полная бесконечного счастья, разделенной любви и честной работы. Ты ведь бросаешь свою контору?

Яков кивнул.

— И отлично! Переселяемся в Петербург и живем вместе! Ты теперь не узнаешь меня. Нет уже прежнего легкомыслия, переходов от отчаянья до восторгов. Все ясно! Я предугадываю всю свою жизнь до смерти и не знаю только, что будет мною написано.

Лицо его светилось радостью, глаза сияли, и Яков с умилением смотрел на радостное лицо брата, утомленное недавним страданием.

— Ты говоришь вот, что отрекся от легкомыслия, — с улыбкою сказал он, — а за весь день даже не поинтересуешься, кому обязан свободою!

Николай хлопнул себя по лбу.

— Ах я! Но, ей-Богу, Яша, я все время об этом думал и собирался спросить. Кому же?

— Алексею Дмитриевичу Лапе! — ответил Яков.

— Лапе? Этому сонуле? Да знаешь ли, он на кладбище сделал мне первый допрос? А теперь...

— Вот поди же! Он оказался удивительным человеком. За время твоего сидения я с ним сблизился, и, поверь мне, я редко встречал таких благородных людей.

— Схожу к нему, скажу спасибо! Как же он помог?

— Нашел нищую, но главное, — он подозревает убийцу, и его подозрения похожи на правду. Он очень проницателен и, между прочим, вполне правдоподобно объяснил причину ненависти к тебе лакея Ивана.

— Какая же?

— А помнишь ты свою повесть "Утопленница"?

Николай кивнул.

— Иван читал ее. Я ведь тогда рассказал тебе действительный случай: эта утопленница была невестой Ивана, а ты сделал его сообщником насильника. Он не может простить тебе этого.

Николай удивленно пожал плечами.

— Но ведь там ни его внешности, ни его имени. Как он додумался?

— Он не из простых, — ответил Яков, — он очень много читает, много думает и, как у всех самоучек, у него необыкновенное самолюбие и гордость. Это интересный, сильный характер!

— Я завтра увижу его, — сказал Николай, — я буду у Силина; он там?

— Да! И вот уже одну из просьб Лапы и исполнишь. Порази его своим появлением и запомни его физиономию, потом расскажешь Алексею Дмитриевичу.

— Он подозревает его?

— Этот Иван очень любил свою невесту, которую соблазнил Дерунов и тем явился причиною ее смерти. Вполне возможно, что Иван не хотел простить этого.

— Восемь лет!

— Трудно постичь человеческий характер, — уклончиво сказал Яков и спросил: — Ты куда же завтра?

— Прежде всего к Захарову. Я ведь его считал убийцею и этим виноват перед ним. Он, говорят, уже выздоравливает.

— Встал и ходит!

— Ну вот! Потом схожу к Силину, все о сестре расспрошу, ну а от него к Лапе. Послезавтра в Можаевку! Все сразу!

— Дай тебе Бог успеха! — сказал Яков, вставая. — Теперь иди спать. Устал, чай!

— От волнений, — ответил Николай.

Братья поцеловались и разошлись.

Николай лег грудью на подоконник раскрытого окна и снова отдался своим думам. Мир и покой наполняли его душу. Ему хотелось всех любить, все обнять: и это звездное небо, и уснувшую землю с ее людьми. Немая тишина царила кругом, только слабо шелестели листы деревьев, и вдруг, прорезая тишину ночи, откуда-то пронеслась звонкая нота заунывной песни. Еще, еще, и воздух наполнился тоскующими звуками.

> Нет, я не верю,
> Ты мне изменяешь,
> Прости, моя радость,
> Прости, мой покой...

пел чей-то высокий, за душу хватающий голос. Волнение охватило Николая. Тяжелое предчувствие сжало его сердце, вдруг разом исчезла вся призрачная радость желанной свободы.

Он тяжело вздохнул, словно расставаясь с мечтами, закрыл окно и медленно стал раздеваться.

"Любит ли?" — думал он и опять с болью в сердце почувствовал, что душа прежней любимой им девушки теперь для него неразгаданная тайна, к которой нет ключа...

Старая городская больница помещалась у черты города и своими массивными серыми каменными корпусами напоминала крепость, угрюмую и печальную. Столетние липы и вязы окружали ее со всех сторон и под своими зелеными навесами скрывали низкую каменную стену, еще более придававшую больнице вид крепости.

Но старые больничные порядки давно уже сменились новыми, и больница считалась одним из надежных приютов для тяжелобольных. Несомненно, Захаров не оправился бы так скоро от своей тяжелой болезни в иной обстановке.

Николай вошел в калитку и, по указанию сторожа, пошел через сад по мощенной камнем дорожке. В саду группами гуляли больные в белых колпаках с черными клеймами и желтых халатах.

Николай уже приближался к одному из мрачных флигилей, когда его окрикнул визгливый женский голос:

— Николай Петрович, вы ли это?

Он обернулся и увидел почтенную Колкунову. Размалеванное, как у египетской мумии, лицо ее было прикрыто синей вуалью. Одета она была в черное шерстяное платье с вырезом, прикрытым кружевами, и короткими рукавами, обнажавшими выше локтя ее желтые руки, голову покрывала соломенная черная шляпа, на которой, как султан, в такт ее речи качалось растрепанное страусиное перо. Она порывисто подошла к Николаю, ухватила его за руку и стремительно заговорила:

— Вы и на свободе! О, как я рада! Я всегда говорила дочери: Катя, правда восторжествует! И вот! Еще на днях ко мне заходил ваш брат, и я утешала его. Какая мысль: вы — и убийца! Вы, вероятно, к нашему Александру? О, добрая душа! (Она снова схватила руку Николая и начала ее давить.) Побеседуйте с ним. Он тоже страдалец. Нелепые мысли одолевают его голову. Знаете ли (она понизила голос), он ненавидит меня! Вы поражены?

Она отодвинулась от Николая, чтобы посмотреть, насколько он поражен, и перо на ее шляпе заколыхалось. Переведя дух, она заговорила снова:

— Ненавидит! Да! Сейчас он меня почти выгнал от себя, топал, кричал. А я? Я ли не люблю его, как родного сына. Дорогой мой (она опять овладела рукою Николая), уговорите его принять Катю. Чтобы по-прежнему. Я наверное знаю, что Можаев оставил за ним его место, и все будет как раньше. О, будьте ее спасителем, не говорите "нет"! Я вижу, вы тронуты. Я скажу Кате!

Николай, оглушенный потоком ее речи, не произнес еще ни одного слова. Теперь он воспользовался минутой и, поспешно откланиваясь ей, сказал:

— Будьте покойны, если он меня спросит...

— О, спаситель! — крикнула вслед ему полковница. — Благодарю! — и она грациозно послала ему несколько воздушных поцелуев, которые проходивший мимо фельдшер принял по своему адресу, так как Николай уже успел скрыться в дверях флигеля.

Он прошел по широкому коридору и вошел в комнату с надписью "Палата No 8". Подле двери больной разметался в постели и протяжно стонал; рядом с ним бледный юноша, схватясь за ворот рубашки, удушливо кашлял, и на щеках его, как кровь, алел яркий румянец, а тут же невдалеке двое выздоравливающих равнодушно играли в шашки, и далее, у постели веселого рассказчика в белом колпаке, группой стояли больные и весело смеялись, заглушая и стоны, и кашель. Николай огляделся и увидел Захарова в углу палаты, у окна.

Благодаря худобе, всклокоченным волосам и желтому халату он казался великаном. Глаза его ввалились, лицо было бледно и безжизненно. Он стоял, прислонясь к подоконнику, и жадно смотрел в окно.

Николай подошел к нему и осторожно окликнул. Он быстро обернулся и, запахивая халат, с недоумением взглянул на Николая.

Николай назвал себя и прибавил:

— Помните, мы раз гуляли с вами? Ну, как теперь ваше здоровье?

— Отлично, благодарю вас, — ответил Захаров, — доктора не выпускают, а я бы уже давно выписался, потому что меня ждет служба.

— Да и скучно вам тут, я думаю?

— Скучно? Нет. Я даже был бы рад, если бы некоторые посетители отказались развлекать меня. Не вы, не вы, — поспешил он поправиться, — а вот хотя бы моя любезная теща. Была перед вами и страшно меня расстроила.

Лицо его нахмурилось и приняло землистый оттенок. Он помолчал и медленно заговорил:

— Кто просит ее становиться между мной и женою. Мы сами можем обо всем договориться, и, наконец, я не хочу ее! Не хочу! — он нервно запахнулся в халат, и на его лице выступили красные пятна. — Она и без меня будет счастлива, а я не хочу мучений. Довольно!

Николай нежно положил свою руку на его плечо.

— К чему вы волнуетесь? — с состраданием сказал он. — Выйдете из больницы, и само собою все решится.

— Отчего она сама не придет? — не слушая его, продолжал

Захаров. — Боится! Не чиста совесть! То то и есть. Пусть придет и оправдается, тогда...

— Хотите, я уговорю ее прийти к вам, — сказал Николай. — Хотите, приведу?

Захаров посмотрел на него долгим взором, потом вдруг нахмурился, сердито запахнулся и ответил:

— Нет, это я так! Малодушие, я ненавижу ее, не надо. Бросим о ней, эти разговоры утомляют меня...

Николай замолчал.

— А что вы делать будете?

— Я? Я уеду в Петербург... На днях...

Захаров кивнул.

— И отлично. Одно посоветую: не женитесь! Соблазняйте лучше чужих жен. Ха-ха-ха!

Лицо его то становилось сумрачным, то краснело; он, видимо, волновался. Николай поспешил встать и протянул ему руку.

— До свиданья! Я до отъезда еще наведаюсь!

— Спасибо! Я провожу вас!

Захаров плотно запахнулся и провел его до калитки.

— Пришлите ее ко мне, — сказал он вдруг ему на прощание, — я, может быть... Если захочет, если захочет!...

Николай ушел от него, невольно улыбаясь. Вот люди! Рвут, мечут, проклинают и потом снова возвращаются к своему аду.

Он пришел домой, позавтракал и направился к Силину. На его звонок дверь отворил ему Иван, который с испугом отшатнулся.

— Вы?! — произнес он, задыхаясь.

Николай пристально, с усмешкой посмотрел на него.

— Я, — ответил он, — убийцу нашли, да только не меня.

— Кого же?

— Тебя! — резко сказал Николай.

Иван пошатнулся, по лицу его пробежала судорога, но через мгновение он оправился и злобно сверкнул исподлобья глазами.

— Шутки шутите, — хрипло произнес он, — я барину почитай десять лет служил!...

— Ты, да неужели! — закричал Силин, появляясь на пороге прихожей и протягивая руку Николаю. Иван быстро шмыгнул в другую дверь.

— Слышу знакомый голос! — продолжал Силин. — Думаю — неужели? Глядь, ты и вправду. Рад, рад! Иди сюда. Садись. Иван, тащи вино, что осталось. Да куда это он делся? Подожди!

131

Силин проводил Николая в гостиную, где временно основался, и исчез.

Через некоторое время он вернулся с бутылкою и двумя стаканами.

— Вообрази, заперся у себя и выходить не хочет, — заговорил он, сервируя стол. — Престранная бестия! Я и не замечал его раньше, а теперь прямо заинтересован. Постоянно беседует сам с собою, много читает, а тут еще начал повесть писать "с убивством", как он объяснил. Приносил начало читать мне. Чушь ужасная! Ну, пей! Рассказывай.

Он разлил вино и придвинул Николаю стакан.

— Что говорить? — ответил Николай. — Подержали и выпустили... Вот и все... У тебя, у вас что?

Силин засмеялся.

— Зять мне пользу принес хоть после смерти. Дал развернуться таланту. И молол же я!

— Ты и про меня напутал...

— Уж прости! Что поделать? Я думал ведь, что ты и вправду... того... что же, — смутился он, — я бы на твоем месте, пожалуй... Такая скотина, да я сам, веришь ли...

— Оставь! — остановил его Николай. — Скажи, и твоя сестра так думает?

— Фью! — Силин свистнул и повертел пальцем около лба. — Совсем свихнулась. А тут еще прочла твой фельетон, и — шабаш. Казнь, говорит. И все! Какая, кому, за что? Ничего не разберешь. Казнь! Ходит как в воду опущенная. Можаевых изводит — и все тут!

— Я к ней завтра еду.

— Напрасно. Не примет!

У Николая упало сердце.

— Почему ты так думаешь?

— Знаю, друг. Говорю тебе, свихнулась. Если бы не Лиза, капут: в монастырь бы пошла!

Николай вскочил как ужаленный.

— Врешь, врешь и врешь! — закричал он, хватая шляпу. — Я уговорю ее, не могла она вдруг измениться!

Он бросился из комнаты.

— Да постой, послушай! — пытался остановить его Силин, но Николай уже был в прихожей.

— Сумасшедший, — Силин махнул рукою и вернулся в комнату допивать вино.

Николай пришел домой взволнованный и потрясенный. Неужели же это правда? Неужели мысль о грехе и казни за него так сильно поразила ее ум, что она уже не может отделаться от нее? Но он увидит ее и поможет ей одолеть этот нелепый призрак! Не примет? Нет, этого не может быть!...

Вечером он все-таки пошел вместе с Яковом к Лапе. Лапа жадно выслушал его рассказ.

— Так, так! — сказал он, кивнув несколько раз головою. — Теперь от вас еще одна услуга. Напишите письмо в несколько строк, как будто от нее, от той, убитой? Пусть она благодарит его за месть. Вы улыбаетесь? Он поверит! Я знаю наверное, что он беседует с нею на могиле. Да! Там я его и поймаю. Это он, он!

Суеверный страх охватил Николая. Неужели рукою убийцы может править любовь? А Лапа усмехался, потирал руки и выражал все признаки полного удовольствия.

— Не иначе как он! Не иначе! Вы увидите, как ловко я его изловлю! Ха-ха-ха!

# XIX

Почтенные друзья, Грузов и Косяков, совершенно преобразились, на удивление всех "гор". Грузов не только облачился в изящную тройку горохового цвета, но даже приобрел под цвет ее пальто, цилиндр и перчатки, что преобразило его настолько, что местные кавалеры чуть не избили его под вечер, не узнав в нем своего соседа. Украшая свою внешность, Грузов уже мечтал в отдаленном будущем приобрести кусочек земли и таким образом увеличить свои владения, перестроив хату на манер английского коттеджа. Косяков, в свою очередь, не столько преобразил свою внешность, сколько украсил свою обитель, купив по случаю занавески на окна и ковер. Кроме того, теперь больная жена его всегда имела с правой руки картуз с орехами, с левой — мармелад, и, по приглашению Косякова, разделять ее унылое одиночество приходила старуха из соседнего оврага, мирно дремавшая напротив Софьи Егоровны, в то время как та, довольная присутствием живого лица, действительно уподоблялась сороке, говоря без умолку.

В недалеком будущем Косяков мечтал устроить жену при больнице, а самому переехать в город и открыть настоящую практику.

Но в последнее время мечты Грузова и Косякова стали

омрачаться. Правда, две недели, каждую пятницу, они получали от Можаевой по сто рублей, но потом вдруг не только прекратились платежи, но даже и она сама не подавала признаков жизни.

— Друзья пали духом.

Они по очереди стерегли дом Можаевых, думая увидеть Елизавету Борисовну, но она не показывалась в городе; они осторожно наводили справки о ней у прислуги, но без всякого результата, и лица их изменялись сообразно их характерам. Лицо Грузова вытягивалось и тускнело, в то время как лицо Косякова хмурилось и принимало угрожающий вид.

— Антоша! — сказал раз многозначительно Косяков, входя рано утром к Грузову, который тщетно высматривал в это время признаки усов в зеркале. Он быстро выпрямился и, кивнув ему, обратился к матери:

— Мамаша, оставьте нас. Сходите к Софье Егоровне!

— Как же, Антоша, ежели я хотела...

— Мамаша! — перебил ее Грузов угрожающим возгласом..

— Иду, уж иду! Не сердись! — старуха быстро оправила платок на голове и юркнула в дверь.

— Что, Никаша? — спросил тогда Грузов у своего друга, садясь и указывая ему на кресло.

Косяков грузно опустился. v

— Я, Антоша, больше ждать не могу. Баста! Пусть или выкупает, или скандал! — он угрожающе махнул рукою.

Грузов съежился.

— Но, Никаша... ежели скандал, тогда ведь мы...

— Глупости! Беру все на себя. Тебя никто не знает, а мне надоело. Я покажу ей зубы. Я решил.

— Что же ты решил, Никаша?

— Я еду туда! — он указал пальцем на окно, Грузов кивнул.

— И добиваюсь свидания! — окончил Косяков. — Сегодня еду!

Грузов кивнул еще раз.

— Хорошо, Никаша, — сказал он, вздохнув, — ты знаешь, я тебе во всем доверяю. Ты голова!

Косяков самодовольно улыбнулся.

— Я сегодня еду! Ты дай мне пять рублей! У меня своих мало; и потом, скажи старухе, чтобы за ней посмотрела, — и он указал на дверь.

— Хорошо, Никаша! Только как мы ее спать класть будем и все прочее?

— Гм! — Косяков задумался, но тотчас сообразил: — У нас тут Воробьев этот, кондитер, попроси его! Она его любит!

134

— Ну, ну! — согласился Грузов и полез в карман за деньгами. — Что же, с Богом! Я тебе во всем доверяю.

— Видишь ли, я сперва думал: ты поедешь, но тебе неловко, тебя все знают, и потом, ты не речист!

— Да, да! — согласился Грузов и встал. — Что же, пойдем выпьем посошок!

Через пять минут они сидели в алькове зала гостеприимного трактира "Зайдем здесь"...

Весенина последнее время все чаще томила тоска одиночества, и теперь, когда он после работы ехал к Можаевым по привычке провести вечер, это же чувство охватило его. Солнце уже опустилось за лес, и небо окрасилось заревом пожара, бросая на землю красноватый отблеск, природа смолкала, только кое-где перекликались изредка птицы да вдалеке куковала кукушка, и среди необъятной природы, под впечатлением тихо угасающего дня, Весенин почувствовал с небывалою силою свою тоску. Для чего он живет? Кому нужен?.. Вожжи выпали из его рук, и лошадь шла привычным шагом по знакомой дороге.

Почему так нелепо сложилась его жизнь и о том ли он мечтал в период юности? Прямо из института — сюда, в эту глушь, и здесь вся остальная жизнь. Что привлекло его? Бесспорно, Можаев — обаятельная личность, он полюбил его, привязался к его девочке, теперь Вере Сергеевне, но в этой семье скоро появился чуждый элемент, в лице второй молодой жены, и был же момент, когда он хотел расстаться с Сергеем Степановичем.

Хотел и - остался! Ему тяжело было расставаться с подростком Верою, — и дело расширялось, и ему стало жалко его.

Да разве все переделаешь? Вот теперь построится фарфоровый завод, придумается еще и еще новое; ему-то что до этого? На его место найдутся десятки, сотни людей.

Дело, дело и дело, и ничего, кроме него. Скучно! И теперь сиротливо, а когда наступает зима и он все долгие вечера проводит в обществе старой Ефимьи — тогда жизнь становится невыносимой. Жажда личного счастья пробудилась в его душе и залила мучительной грустью.

Лошадь вдруг рванулась в сторону. Весенин очнулся, взял в руки вожжи и оглянулся. От опушки леса, приветственно махая белой фуражкой, к нему приближался какой-то господин в городском костюме.

— Тысячу извинений! — заговорил он, приближаясь.

Весенин остановил лошадь. Незнакомец с пенсне на носу, с роскошными баками изящно поклонился ему и сказал:

— Тысячу извинений за беспокойство! Быть может, вы спешите по делу, но я решаюсь отнять у вас драгоценную минуту!

Весенин сделал нетерпеливый жест.

— Я, собственно, городской обыватель, — пояснил незнакомец, — и весьма на краткое время прибыл сюда, остановившись в Раковичах у Селиванова (он указал на лес). Смею уверить вас, дело, не терпящее отлагательства. Вы же, если я не ошибаюсь, едете в сторону усадьбы почтенного Сергея Степановича Можаева, который в качестве мэра находится нынче в городе?

Весенин, не скрывая нетерпения, кивнул головой и вопросительно взглянул на незнакомца. Тот почтительно, поклонился.

— И, может, вы имеете доступ в дом господина Можаева?

— Я его управляющий и еду туда. Что вам от меня угодно?

— Несказанно обрадован! — воскликнул незнакомец. — Осмелюсь просить вас о самомалейшей услуге: будьте великодушны вручить это письмо по адресу.

Весенин взял конверт из рук незнакомца, и лицо его вспыхнуло, но он тотчас успокоился, едва прочел надпись на нем.

— Вам бы лучше передать его лично Елизавете Борисовне, — сказал с неудовольствием Весенин.

Незнакомец галантно склонил голову и прижал к груди руку.

— Осмелюсь просить! Единственно по незнанию местности и как городской житель. Вышел на дорогу в ожидании оказии — и вот! Не откажите в просьбе!

— Елизавета Борисовна вас знает?

— Смею ли мечтать? — воскликнул незнакомец. — Но, прочтя письмо, они оценят важность сообщения. Прошу!

Незнакомец снял фуражку и раскланялся.

— Хорошо, передам!

Весенин спрятал письмо и щелкнул вожжами.

"Таинственный незнакомец и еще более таинственное письмо, — подумал он, — будет ли довольна Елизавета Борисовна моим участием? Гм... Славная барыня, но сверчена, сбита и все словно по проволоке ходит. Надувает старика, верно. Ну, да мне что!"

Он оглянулся. Незнакомец стоял на дороге и провожал его глазами.

Весенин погнал лошадь и спустился с косогора к реке.

В доме оставались одни дамы. И жизнь в нем имела мрачный характер. Даже Вера не оживляла его, невольно подчиняясь общему настроению. Анна Ивановна вся ушла в свою полумистическую печаль, и бледное лицо ее приняло какое-то строгое, горькое выражение; Елизавета Борисовна, веселая раньше, вдруг, в отсутствие Сергея Степановича, совершенно изменилась. Словно на нее обрушилось тяжелое горе. В доме царила тишина, и только Лиза иногда в детской резвости оглашала комнаты веселым смехом, но мать быстро останавливала ее.

Весенин застал в гостиной одну Веру. Она сидела задумавшись и бессильно опустив руку на клавиши рояля.

Весенин поздоровался с нею.

— Что делали сегодня? Где были? Какие дни-то стоят! Великолепие! Да что вы такая? — произнес он шутливо.

Вера подняла голову.

— Тоска мне! — сказала она.

Весенин улыбнулся.

— Гуляйте, катайтесь верхом, в лодке, обойдите деревню, начните учить ребятишек. Мало ли дела! Читайте, играйте.

Вера махнула рукою.

— Здесь тоска, — сказала она тихо, — словно над нами висит несчастье. Мама совсем убитая. Я никогда ее такой не видела. Анна Ивановна, — Вера махнула рукой, — ну, я от нее отказалась. Она не от мира сего! Прежде, при муже, когда она тосковала, я понимала ее, но теперь! Ведь это ужасно, Федор Матвеевич, мне говорить не с кем! Хоть бы папа приехал!

Лицо Весенина стало серьезно, но он все-таки поборол настроение и улыбнулся.

— На балконе, я видел, ужин собран. Зовите всех и пойдемте сами. Голоден я! А что до скуки, — сказал он, вставая, — то я все-таки думаю, что она от нас... Боритесь с нею!

— Я и то борюсь, — ответила, улыбаясь, Вера, — да она меня, поганая...

— А вы ее!

Они вышли на балкон.

— Зовите барыню и Анну Ивановну, — сказала Вера горничной.

Анна Ивановна отказалась от ужина. Елизавета Борисовна сошла, чувствуя, что ее присутствие необходимо при взрослой падчерице, и приветливо поздоровалась с Весениным, но он не мог не заметить резкой перемены в ее лице, голосе и манерах. Очевидно, что-то угнетало ее.

— Не знаете, когда вернется Сергей Степанович? — спросила она.

— Он не писал мне. У них еще заседания не было?

— Не знаю! Скучно нам здесь это лето, Федор Матвеевич, — сказала она и деланно улыбнулась, — прошлое веселей было.

— От вас зависит. Я вот и Вере Сергеевне про это же говорил, — ответил Весенин, — кто вам мешает?? Зовите гостей, устраивайте пикники, катанья...

Елизавета Борисовна устало покачала головой.

— Странная вещь, — сказала задумчиво Вера, — это убийство внесло и к нам какой-то разлад.

Елизавета Борисовна вздохнула и деланно засмеялась.

— Глупости! Просто мы сами раскисли!

Вера ушла с балкона, и скоро из гостиной раздалась одна из унылых мелодий Мендельсона.

Весенин обратился к Елизавете Борисовне.

— Простите меня, — сказал он, — может, я взялся и не за свое дело, но какой-то господин настоятельно просил меня передать вам письмо, для чего, кажется, он даже из города нарочно приехал.

При первых же словах Весенина Елизавета Борисовна обратила к нему лицо и не могла скрыть своего волнения, то краснея, то бледнея. Увидев письмо, она быстро схватила его и, разорвав конверт, пробежала глазами.

— Елизавета Борисовна, что с вами? — в испуге спросил Весенин. Она опустила письмо на колени и свесила голову. Слезы брызнули из ее глаз. При возгласе Весенина она оправилась и даже сделала попытку улыбнуться.

— Ничего, это так! — ответила она и вдруг, протянув руку ему, спросила: — Федор Матвеевич, вы честный человек?

Весенин с недоумением посмотрел на нее.

— Я прошу позабыть о том, что вы мне передали это письмо!

Она пожала ему руку и быстро ушла с балкона. Весенин некоторое время сидел, с трудом приводя в порядок свои мысли. Потом встал и крикнул с балкона:

— Вера Сергеевна, до свидания! Я еду!

Мелодия оборвалась на половине фразы, и в дверях показалась Вера. Он протянул ей руку. Она крепко пожала, и сказала:

— Приезжали бы хоть вы чаще. Днем бы! Гулять пошли!

— Где же мне? Я завтра на покос еду. Хотите, за вами заеду?

— Мама скажет: неприлично!

— Здесь-то? Я уговорю её. Хорошо?

Вера кивнула.

— Так я часов в одиннадцать, а к обеду домой!

— Не обманите!

Мысль о завтрашней поездке с Верою на время примирила Весенина с жизнью и рассеяла его грустные мысли. Он забыл даже про Елизавету Борисовну и весело гнал домой лошадь.

Елизар отворил ему ворота и принял лошадь. Весенин, к удивлению своему, увидел в окнах своего дома свет.

— У меня есть кто-то? — спросил он.

— Какой-то барин из города, — ответил Елизар, — беспременно, говорит, хочу его видеть!

— Кто бы это? — вслух проговорил Весенин и торопливо вошел в комнаты.

— Простите меня, что я так бесцеремонно ворвался к вам, — встретил его в столовой Николай Долинин.

Весенин обрадовался ему. Николай Долинин был симпатичен ему, особенно теперь, когда он перенес испытания тяжкого подозрения, и, увидев его на свободе, Весенин радостно приветствовал его.

Он горячо встряхнул ему руку и сказал:

— Что вы, голубчик! Да вы и представить не можете, как я рад вам. Значит, гадость окончилась? Вероятно, Яков Петрович посоветовал вам отдохнуть у меня. Отлично! Я вас с деревней познакомлю!

Николай отрицательно покачал головой.

— Я завтра же уеду, — ответил он, — и приехал к вам с просьбою.

— Ну, какой?

Весенин пригласил пройти в кабинет и зажег свечи.

— Вы должны мне устроить свидание с Анной Ивановной, — сказал он глухо.

Весенин с изумлением взглянул на него.

— Да чего же устраивать? Поедемте завтра в усадьбу, вот и все!

— Ах, вы ничего не знаете! — с тоскою воскликнул! Николай. — Слушайте!

И, ходя из угла в угол по комнате, он рассказал Весенину всю историю своей изломанной любви и свои теперешние опасения.

— Она написала мне в тюрьму: молитесь обо мне. Брат ее уверяет, что она меня не примет. Я совершенно сбит с толку, ничего не понимаю, а мне надо же ее видеть! — с отчаянием воскликнул он. — Если я явлюсь перед нею вдруг, с ней Бог знает что может быть, она изнервничалась...

Весенин сидел, смущенный всем слышанным. Вот она, подкладка всей драмы! И ему вдруг стала понятна трагедия души Анны Ивановны. Он с грустью посмотрел на Долинина.

— Хорошо, — сказал он, — я завтра буду у них к одиннадцати часам и увижусь с нею. Ответ сейчас же и привезу вам. Помоги вам Бог!

Заря узкой полосой уже алела на небе, когда он уложил в столовой взволнованного Долинина и сам лег спать, но он еще не скоро заснул, думая о людских страстях. Неужели сердце его никогда не испытает чувства взаимной любви? Он тяжело вздохнул и закрыл глаза. Перед ним вдруг возник образ Веры.

## XX

Тяжело жить с нечистой совестью, но жить еще при этом под постоянной угрозою обличения — ужасно. В порыве любви и надежды на близкое окончание своих мук Елизавета Борисовна с легкостью отнеслась к необходимости платить за молчание, но через две недели уже пришла в ужас от своего положения. Сто рублей каждую неделю, и нет уверенности, что в следующую не потребуют от нее двести, а там триста, сколько захотят эти жадные люди! Откуда доставать эти деньги? И она, совершенно потерявшись, охваченная бессилием в борьбе с этим тайным врагом, вдруг прекратила с ним всякое сношение. Как птица, притаившаяся в кусте от глаз хищника, она замирала от страха в предчувствии беды при каждом шорохе в саду, при каждом появлении Ефрема с почты. Беспрерывный страх напряг ее нервы до галлюцинации, и вот теперь ожидание разрешилось ударом! Она готовилась к нему, и все-таки он обрушился на нее неожиданно. Этот негодяй пришел сам, виделся с Весениным; может быть, говорил с ним! И какое требованье выкупить все! Очевидно, это угроза, но он может потребовать от нее сколько угодно денег. Откуда достать их?

Елизавета Борисовна нервно, лихорадочно осмотрела все ящики своего туалета, вынула все содержимое из портмоне и с отчаянием смотрела на выложенные деньги: сорок пять рублей и копейки! Разве он помирится на этом?.. Вещи? Она достала шкатулку и пересмотрела друг за другом парюры, кольца, браслеты. Сердце ее сжалось тоскою. Расстаться с ними, отдав их в грязные руки шантажиста?.. И опять бессилие охватило ее, она опустила на колени руки и безучастно устремила перед собою взор. Будь что будет! Пусть он придет в ярость! Пусть сделает огласку; теряет он!... Но следом за этим ужас охватил ее. О, чего бы она не дала, чтобы не утратить уважения этого благородного человека. Он поймет измену, простит бегство, но подлость, мелкую подлость заурядного мошенника! Краска стыда залила ее лицо. Она торопливо стала перебирать вещи и без разбора откладывала их в сторону одну за другой...

Вера испугалась, встретившись с нею утром. Она любила мачеху как человека, с которым она сжилась за многие годы.

— Мама, что с вами? На вас лица нет! Идите, голубушка, лягте! — сказала она участливо, целуясь с нею.

Елизавета Борисовна слабо улыбнулась.

— Нет, Вера, я просто дурно спала. Было очень душно сегодня!

— Это потому, что ваши окна выходят в цветник. Цветы душат вас, — с волнением сказала Вера.

Елизавета Борисовна согласно кивнула головою.

Анна Ивановна безмолвно сидела за столом и все время долгим испытующим взглядом глядела на нее, но в ее взоре было столько участия и ласки, что в измученной душе Елизаветы Борисовны на миг мелькнула мысль: "Вот кто бы мог быть моим другом. Она тоже страдает", и она с благодарностью взглянула на Анну Ивановну, та тихо улыбнулась ей в ответ и нагнулась к крошечной Лизе.

— Привет вам, а мне стакан чаю или кофе! — шутливо сказал Весенин, быстро входя в столовую.

— Вы? Так рано? — воскликнула Вера.

Елизавета Борисовна тревожно взглянула на него и побледнела.

— Я еще не за вами, — ответил Весенин, — мне надо зайти в контору, потом побывать еще дома, и тогда я уже к вашим услугам.

— Вы собираетесь куда-нибудь? — спросила Елизавета Борисовна.

— Да. Вера Сергеевна скучает, и я предложил ей проехать со мною в наше новое имение, там снимают сено теперь. К обеду мы будем дома.

— Ты пустишь? — с тревогой спросила Вера. Елизавета Борисовна улыбнулась.

— Уезжай! Тебе правда скучно, а мы здесь с Анной Ивановной...

Вера благодарно кивнула мачехе и радостно засмеялась. Анна Ивановна сняла Лизу со стула и взяла ее за ручку.

— Мы пойдем в сад, — сказала она, — как няня управится, пошлите ее, Вера Сергеевна!

Весенин наскоро допил кофе и поднялся тоже.

— А я в контору!

Он вышел, нарочно обошел дом и со стороны двора вошел в сад.

Лиза возилась в песке, Анна Ивановна медленно брела по аллее и не заметила Весенина.

— Анна Ивановна! — позвал он ее. — Я к вам с поручением и просьбою.

Анна Ивановна остановилась и с испугом прижала к груди руку, краска залила ее лицо, она порывисто дышала.

— Что вы так взволновались, — ласково сказал Весенин, — присядьте. Это в двух словах.

Анна Ивановна послушно опустилась на скамью.

— Ко мне приехал Николай Петрович, — начал Весенин.

Она вздрогнула всем телом, и лицо ее стало бледнее мрамора.

— Он... бежал?.. — с усилием прошептала она.

— Что вы?! Он невинен, и его отпустили на свободу.

Анна Ивановна со вздохом перекрестилась, и краска вернулась на ее побледневшие щеки.

— Он приехал, чтобы повидаться с вами, и не решился этого сделать, не предупредив вас.

— Это невозможно! — с болью ответила она.

Весенин нахмурился.

— Это необходимо, Анна Ивановна! — убежденно произнес он. — Живые сношения не прерываются так... — он подбирал слово, — жестоко!

Анна Ивановна тихо покачала головою.

— Что я скажу ему? Зачем? — прошептала она.

Весенин взял ее холодную руку.

— Все, что передумали, пережили за это время, вы должны сказать ему! Он любит вас (она закрыла глаза), и ради этого чувства к нему надо отнестись с уважением. Да и вы сами? Разве вы не хотите увидеть его, разве вы не виноваты перед ним в том, что сомневались в нем?

— Я несла этот позор с ним вместе, — ответила она чуть слышно.

— Позора нет теперь! Вы свободны оба!

— Нет, нет, нет! — с ужасом воскликнула она. — Не говорите так. Между нами — стена, пропасть!

— Пусть! — ответил Весенин. — Это все вы должны объяснить ему. Увидите его — и скажите ему. Это необходимо.

Она закрыла лицо руками и тяжело дышала. Потом отняла руки. Лицо ее стало спокойно, она встала. Встал и Весенин.

— Хорошо, — сказала она, — пусть он придет сюда. В двенадцать часов, Лиза спать будет.

Она наклонила голову и повернулась.

— Сюда, в сад? — спросил вслед Весенин. Она кивнула головою.

— Вы это откуда? — крикнула с балкона Вера, увидев Весенина, идущего по аллее.

— Из конторы. Ну готовьтесь. Я домой и за вами. Самое большее три четверти часа.

— Не опоздайте! — погрозила Вера, и Весенину опять стало весело.

Он гнал свою лошадь в карьер и через двадцать минут уже соскочил с седла у ворот своего домика. Долинин выбежал ему навстречу.

— Ну, что? Она согласна? Позволила?

Весенин кивнул ему головою. Долинин в порыве восторга обнял его.

— Как благодарить мне вас? Что она говорила с вами?

Весенин не хотел смущать его радости.

— Со мной ничего; говорить с вами будет, — ответил он шутливо, — а теперь вот что: вы верхом ездите?

Долинин кивнул.

— Ну, и отлично! Елизар даст вам лошадь и укажет дорогу. Это раз; два — вы отсюда выедете ровно через час, тогда в усадьбе никого не будет. Вера Сергеевна уедет со мною, Елизавета Борисовна уйдет купаться, вы будете одни.

Долинин благодарно пожал руку.

— Затем, — продолжал Весенин, — приехав в усадьбу, вы прямо идите в сад и ищите там Анну Ивановну. Ну, все! — окончил он. — Елизар, давай двуколку!

Елизар вывел красивого Мальчика, запряженного в легкую двуколку. Весенин взял вожжи.

— Ну, желаю вам успеха, — сказал он, пожимая руку Долинину, — и до свидания за обедом!

Он вскочил в двуколку.

— Смотрите, через час, — крикнул он Долинину и выехал на дорогу.

. . . . . . . . . . . . . . . . . . . . . . . . . .

Это был день свиданий. Долинин вошел в сад и нервным шагом шел по тенистой аллее с замирающим сердцем, ожидая каждую минуту увидеть ее. Что он будет говорить с нею, он не знал, но сердце его, истосковавшееся по ней, жаждало вылиться в мольбах, в упреках, в страстном порыве ласки или гнева. Аллея становилась все гуще и уже. Столетние ивы склоняли над нею свои корявые, золотые ветви, которые, сплетаясь, образовывали душистый свод; впереди Долинин увидел серый деревянный павильон с прогнившею крышей, с разбитыми стеклами в черных рамах. "Здесь", — подумал он и остановился в волнении. В тот же миг на пороге павильона он увидел Анну Ивановну и радостно бросился к ней...

А в этот же час по лужайке, среди густой заросли леса, недалеко от дороги и от купальни, медленно ходила Елизавета Борисовна рядом с незнакомцем, оказавшимся почтенным Косяковым.

В изящном летнем платье французского ситца, в соломенной шляпе с большими пригнутыми к лицу полями, с полотенцем и сумкою в руках, Елизавета Борисовна представляла странный контраст с Косяковым, в его белой фуражке, потрепанных брюках со вздутыми коленками и рыжих сапогах. Только сообщничество могло позволить этому господину так развязно идти подле прекрасной Елизаветы Борисовны и так фамильярно говорить с нею.

— Если бы я был один, — говорил, прижимая руку к сердцу, Косяков, — за один взгляд ваш я согласился бы...

Но гневный, презрительный жест сразу прервал его излияния, и он поспешил закончить:

— Но я только доверенное лицо и не смею...

— Поймите же, глупый вы человек, — с раздражением и отчаянием ответила Елизавета Борисовна, — что мне неоткуда достать семь тысяч. Мне и эти деньги доставать было трудно! У меня нет своих, все мужа...

— Но если муж стар и влюблен...

— Молчите! — резко крикнула она и тяжело перевела дух: "Господи, сколько унижения!" — Вот что, — сказала она, сдерживаясь, — скажите вашим: я не могу так! Я заплачу все деньги, но не сразу. Вы должны все засчитывать, и в год... меньше, я отдам их. А теперь вот! — она достала кошелек, высыпала из него все деньги и протянула их Косякову.

Тот внимательно пересчитал их и сделал презрительную гримасу:

— Сорок пять рублей! Это насмешка! — сказал он, пряча деньги в карман.

— У меня нет больше. Я дам вам еще вот это. Он стоит двести рублей, за него всегда дадут сто. Возьмите его! — она сняла с руки браслет и протянула его.

Косяков жадно схватил драгоценное украшение и стал его рассматривать.

Елизавета Борисовна с отвращением взглянула на него и горячо сказала:

— Я не спорю, мне огласка тяжела, но проиграете вы, вы одни. Ах, да вы и сами это знаете!

— Сладка месть, madame! — ответил Косяков и, кладя браслет в карман, сказал: — Хорошо, я уговорю компанию, и она согласится отстрочить. Я уговорю (он прикоснулся к своей груди), и она согласится на ваши условия. Мы все сосчитаем, но, — и он поднял корявый палец, — больше уже не допустим просрочки! Ни одного дня!

Елизавета Борисовна воспряла. Глаза ее блеснули благодарностью.

— О, ни одного часа! — сказала она с убеждением. — Только не сто рублей в неделю. Это так много!

Косяков поправил на носу пенсне.

— Я буду просить вас в следующую субботу прийти в наш городской сад. Днем, как и ранее. Имею честь кланяться, madame! — он галантно поклонился, высоко поднял фуражку и, склонив под нею свою голову, пошел по лесной тропинке.

Елизавета Борисовна вышла на дорогу и с облегчением вздохнула. Неделя свободы! После тяжелого, напряженного состояния и краткий отдых кажется счастием.

Она медленно шла по дороге, мечтая о свидании с Аноховым в Петербурге, когда мимо нее, как вихрь, промчался всадник.

— Долинин! — крикнула она с изумлением, но он уже скрылся в облаке пыли. Он, верно, и не заметил Можаевой, как и не услыхал ее возгласа. Отчаяние и гнев наполняли его грудь, и весь мир казался ему черной ямой...

Как она была прекрасна, когда появилась на пороге беседки! Бледная, похудевшая, крошечная, она в беседке среди вековых лип показалась ему воздушным эльфом, но каким холодом повеяло от нее, когда она движением руки удержала его первый порыв. Он сразу растерялся и остановился перед нею, тяжело переводя дыхание. Она заговорила первая.

— Вы хотели меня видеть, Николай, — сказала она тихо и покойно, — я согласилась увидеться с вами. Лучше объясниться... Как я рада, что вы на свободе и невинны! — она протянула ему руку и ввела его в беседку.

— И это все? — произнес он растерянно. Она грустно посмотрела на него.

— Все, — сказала она тихо. — Николай, поймите, между нами ничего не может быть более; труп между нами! Его труп.

— Он умер, и мы свободны, — сказал Николай; он чувствовал себя словно в тумане, почва ускользала из-под ног, и он не находил ни слов, ни тона.

— О нет! — ответила она. — Он заковал нас. Да! Это казнь, посланная Богом за мои греховные мысли, за ваши гневные угрозы. Я роптала. Боже! (Она закрыла лицо руками.) Быть может, в отчаянье я желала ему смерти. И вот казнь! Он умер, он убит! Люди подумали на нас, потому что мысль — половина дела, и в мыслях вы... мы убивали его. Вы рады. Я читала вашу статью и поняла вас. Нет тайного для высшего правосудия (лицо ее вспыхнуло, глаза сверкнули и голос окреп). Правосудие осудило и покарало нас. Я поняла это!

Николай встрепенулся.

— Ложь! — воскликнул он. — Я не то писал! Я писал про него. Я писал, что смерть его есть акт высшего правосудия, потому что он был дурной человек!...

— Тсс! — остановила его Анна Ивановна. — Он умер!

Николай упрямо тряхнул головою.

— Дурной! — повторил он. — И он настолько поработил твою душу, что ты и сейчас не можешь освободиться от его гнета. Аня! — вдруг страстно заговорил он. — Вспомни прошлое, вспомни любовь нашу! Она не прерывалась. Все время ты думала обо мне, я - о тебе. Ты сама мне сказала. В последний раз ты обняла меня, теперь мы свободны; впереди счастье, жизнь, полная жизнь, а не жалкое прозябание! Без тебя мне смерть. За что же ты осудила меня, себя, наше счастье и нашу любовь? Аня!...

Он с мольбою протянул ей руки, но она нервно, порывисто отодвинулась, и глаза ее наполнились слезами.

— Нет, нет, нет! Николай, не мучай меня. Между нами все кончено! — воскликнула она с тоскою. — Труп, труп между нами! Что я сказала бы Лизе, когда она вырастет? — Она закрыла лицо руками, и слезы закапали у нее между пальцев.

Николай опустился на колени и жадно стал целовать ее похолодевшие мокрые руки.

— Все простится, все омоется любовью. Я грешен гневными мыслями, ты же чиста как снег. За что казнишь и себя, и меня? Обними меня, скажи, когда свадьба? — бормотал Николай.

Она резко встала и, вынув платок, быстро вытерла глаза.

— Никогда, — сухо ответила она. — Никогда, Николай. Встаньте! Простимся. Лиза, верно, уже проснулась.

Николай поднялся. Глаза его наполнились гневом.

— Ты зла и бесчувственна! — глухо произнес он.

Она покорно улыбнулась. Он снова упал и обнял ее ноги.

— Прости меня! Я схожу с ума!

— Вся жизнь наша была бы мукой, — сказала она тихо, — простимся!

— Не навсегда? — он умолял. — На время? На полгода, на год!

Она снисходительно улыбнулась.

— И через год я скажу то же!

— Но я тебя снова увижу?

Она нагнулась и поцеловала его в лоб.

— Я любила и люблю тебя, — сказала она тихо и выскользнула из беседки.

Николай рванулся за нею, но она уже скрылась. Он упал на скамью и глухо зарыдал...

Ему казалось, что жизнь его кончилась, и мрачной могилой являлся для него теперь весь мир. Для чего жить, мыслить, работать? Для чего биться его сердцу? О чем мечтать, во что верить, что любить? Тьма, тьма и тьма — и впереди никакого света.

Отчаяние и злоба охватили его душу. Он вскочил, пробежал через сад на двор, нашел лошадь и бешено помчался по дороге. "Смерть, смерть", — шептал он, нещадно погоняя коня, и уже чувствовал у своего виска холодный ствол револьвера.

# XXI

С самого приезда в деревню это первый веселый день, как объяснила Вера Весенину, едва они отъехали с версту от усадьбы.

— А то такая скучища! С мамой что-то творится: она то веселая, то грустная. Вот хоть сегодня: на нее смотреть страшно было. Анна Ивановна, та, кажется, в монастырь готовится. Все нервные такие, даже я разнервничалась, и тогда... помните?

— Это что вы перестали понимать меня? — улыбнулся Весенин и взглянул на ее полудетское лицо со строгими чертами англичанки.

Она кивнула головою.

— Мне тогда так понравилась статья Долинина, хотя ее вы

147

только пересказали, ну... а потом я стала читать, и правда она странная.

— Она подкупает сначала тоном и тем, что в ней есть проблеск мысли, сказал серьезно Весенин, — но именно проблеск. Он сам не уяснил ее себе и, понятно, не мог и передать.

— Довольно! — остановила его Вера. — Я хочу веселиться, гулять, наслаждаться природою. Стойте! Я сорву ягоду.

Весенин осадил лошадь. Вера выскочила из двуколки и подбежала к кустику у опушки. Красные ягоды издали можно было принять за капли крови на зеленой траве. Вера вернулась с горстью ягод.

— Вы правьте, а я вас кормить буду! Помните, как раньше я кормила вас и папу.

— Я-то помню! А вот вы?

— Я все помню! Вы с папой садились в шарабан, и я между вами. Мы ездили на мельницу. Там я гуляла с Ефимьей, что теперь у вас, и, вернувшись, кормила вас ягодами, которые собирала сама.

Весенин счастливо засмеялся. В свою очередь он мог ей признаться, что давно не проводил такого радостного дня. Они были на сенокосах, и Вера, дурачась, пробовала и косить, и грабить, и метать стоги, потом они остановились в избе старосты выпить чаю и закусить, и она выбежала порезвиться с детьми и вернулась в избу раскрасневшаяся, как вишня.

Степенная Василиса, жена старосты, с улыбкою взглянула на нее и, обратясь к Весенину, сказала:

— Вот бы тебе, Федор Матвеевич, жену такую!

Весенин вспыхнул и шутливо ответил:

— Выдумала, Василиса! Она барышня, а я управляющий: нешто пара!

— И-и, родимый, и не такие женятся, — возразила Василиса, — вон у нас тута енеральша на даче жила, так за ахтера вышла.

— А ты почем знаешь, что он ахтер? — хохоча, спросила Вера.

— Сказывали так у нас, барышня!

Вера долго смеялась над этим. Когда они возвращались домой, она вдруг спросила Весенина:

— Вы это в шутку ответили Василисе или серьезно?

Весенин смутился, почувствовав, как защемило его сердце при этом вопросе.

— В шутку! — ответил он.

— То-то, — сказала Вера и задумалась. И внезапно у них словно иссяк разговор, хотя каждый думал свою думу.

— Вот и дом, и опять скука! — вздохнула Вера, завидя усадьбу.

— Хотите, — предложил Весенин, — я вас буду брать во все свои поездки по имениям и мало-помалу обучу хозяйству? И польза, и удовольствие!

— Правда? — Вера обернула к нему свое разгоревшееся лицо. Весенин кивнул.

— И как хочу-то! — воскликнула Вера. — Спасибо вам. Вы все тот же дядя Федя!

Весенин на миг погрустнел. Ее возглас напомнил ему, что между ними добрых пятнадцать лет разницы. Дома их встретила бодрая, помолодевшая Елизавета Борисовна.

— Смотрите! — шепнула Вера Весенину. Даже Анна Ивановна казалась как-то менее углубленной в себя. Весенин взглянул на нее и понял, что Долинин потерял всякую надежду, такое безмятежное спокойствие было на ее лице.

— Оставайтесь обедать, — сказала Весенину Елизавета Борисовна.

— Не могу. Я лучше вечером, — отказался он.

— Вот и гадкий, я снова перестану понимать вас, — капризно сказала Вера.

Он засмеялся.

— Я не хитрая штука. Снова разберете!

Он оставил общество и уселся в свою двуколку, полный небывалого счастья, но мысли его омрачились, когда вместо Долинина он нашел на своем столе записку.

"Прощайте и не поминайте лихом. Она отреклась от меня. Ваш Н. Долинин".

— Совсем словно оглашенный какой, — объяснила, подавая обед, Ефимья, — влетел это во двор, конь-то весь в мыле (уж Елизар водил его потом, водил. Так и дрожит!), и сейчас на Елизара: беги, говорит, в деревню, чтобы в сей секунд лошади мне были. В город, значит. Елизар ему и то, и другое. Так и мечет. На, говорит, рупь тебе! За лошадей не торгуйся. Ну, и уехал!...

"Если бы такое письмо мне оставил брат его, я подумал бы, что он решился на самоубийстве", — подумал Весенин, но и Николая ему было жалко. Если вскоре у него пройдет это страдание, то теперь оно для него невыносимо тяжко.

Весенин прошел в спальню, взял книгу и прилег на постель, но читать ему не читалось. Необыкновенное чувство, которое он так долго, так настойчиво гнал от себя, теперь

149

овладело им и наполнило ум его какою-то расслабляющей мечтательностью. Он встал с постели и велел седлать лошадь. Все равно день его на сегодня закончен, и гораздо приятнее провести его остаток там, в усадьбе, чем в своей одинокой берлоге.

Он сел на лошадь и, напевая вполголоса, поехал по знакомой дороге.

Весенин застал дам играющими в крокет.

Они были оживлены, даже Анна Ивановна засмеялась, крокируя шар Веры.

"Странная женщина, — подумал Весенин, глядя на нее, — нанесла тяжелый удар любимому человеку и стала веселее, чем была прежде. Словно гору с плеч свалила!"

Елизавета Борисовна и Вера радостно приветствовали Весенина.

— Вот и отлично! — сказала Вера. — Вы с Анной Ивановной, а я с мамой! — и она поспешно сунула в руки Весенина молоток.

Весенин послушно стал закатывать свой шар. Недалеко от них няня качала Лизу на качелях, и при каждом взмахе качелей Лиза громко вскрикивала.

Вера с Елизаветой Борисовной, выигрывая каждую партию, громко смеялись.

Они начала играть пятую партию, когда со стороны дороги донесся звон колокольчика.

— Папа едет! — крикнула Вера и, бросив молоток, побежала из сада.

— Сколько в ней жизни, и как ей с нами скучно, — сказала Елизавета Борисовна, глядя вслед убежавшей Вере.

— От вас зависит затеять веселье, — ответил Весенин, — созывайте гостей, пикники, спектакли...

Елизавета Борисовна покачала головою.

— Нет, в этом году я остепенилась. Довольно!

Можаев, обнимая Веру, вошел в сад. Елизавета Борисона подошла к нему, и он нежно обнял ее свободной рукой.

— Шабаш! — сказал он весело. — Освободился на целый месяц. Уф! Теперь пиры задавать будем.

— А я только что советовал это же самое Елизавете Борисовне, — здороваясь, ответил Весенин. Она покраснела, почувствовав на себе ласковый взор мужа.

"Что он и что я?" — мелькнуло у нее в голове.

— Ну, а канализация? — спросил Весенин.

— Победил, будем сами устраивать. Назначили комиссию...

— На жалованье?

— И, вообразите, без жалованья. Вот как мы! Ну, потом все расскажу, теперь переоденусь. Лиза, чайку бы! — и он пошел через балкон в комнаты. Следом за ним ушла и его молодая жена.

— А я вам поиграю, хотите? — сказала Вера Весенину. — Анна Ивановна, идемте!

— Я здесь побуду, — ответила она и наклонилась к подбежавшей Лизе.

— Сегодня я вам сыграю благодарность, — сказала Вера Весенину, подходя к роялю.

— Как? — не понял ее слов Весенин.

— Благодарность! Я ведь на рояле все могу. Слушайте: вот "здравствуйте"! — она взяла несколько аккордов. — А это: "Отчего вы такой задумчивый?"

Весенин засмеялся.

— Сыграйте: "Сегодня хорошая погода".

— Я вам ничего играть не буду, — шутливо рассердилась Вера, — вы смеетесь. Музыка передает только чувства. Благодарность я могу выразить, привет тоже...

— Ну, играйте благодарность!

— То-то!

Вера положила руки на клавиши. Была ли это ее импровизация или мотивы нескольких пьес, но Весенин никогда не слыхал от нее раньше такой оригинальной и красивой игры.

— Вы артистка, — сказал он с чувством, — и вдруг жалуетесь на скуку!

— Не все же для самой себя играть. Рубинштейну и то бы надоело!

— Чай пить! — позвал Можаев и, обняв Весенина, повел его в столовую.

— Ну, как вели себя наши дамы?

— Федор Матвеевич ничего не знает, потому что всего первый день с нами, — ответила за него Вера.

Можаев с улыбкой взглянул на нее. Все дела и заботы он отбросил от себя и теперь наслаждался тихим счастьем богатого семьянина. Чего ему не хватает? И его взгляд с любовью переходил от молодой жены к дочери.

Елизавета Борисовна передавала ему мелочи домашнего хозяйства, Вера шутила, даже Анна Ивановна говорила про Лизу, про погоду и про свое намерение ехать за границу.

Наступил вечер. Тонкий серп месяца показался в небе. Можаев закурил сигару, и кончик ее, как светляк, мерцал в темноте ночи.

— Ах, чуть не забыл, — сказал он вдруг, — тебе, Лиза, опять письмо от твоей портнихи. Уж не должна ли ты ей? — пошутил он.

— Где письмо? — спросила Елизавета Борисовна, торопливо вставая.

— На! Провалялось в кармане. Не закури я сигары, и забыл бы!

Можаев подал ей конверт. Она с минуту посидела на балконе и незаметно скрылась.

— Жалко, что не поет никто, — сказал Можаев, — теперь спеть бы. Хорошим сильным баритоном. У меня был голос, когда я был студентом, только мы всегда пели одно и то же — "Gaudeamus"!

— А у нас так и этого не поют студенты. Как-то вывелось, — заметил Весенин.

— Вообще дрянь молодежь. Дряблая! То ли дело мое время! — и Можаев заговорил про свои студенческие годы, проведенные в Дерпте. Гимнастика, спорт, дуэли на шпагах, дуэли на пистолетах, факельцуги и бесшабашное веселье в избранном корпорацией биргалле[5]. Вера слушала его с восторгом.

— А вы, а ваши студенческие годы? — спросил Можаев Весенина.

— Я не был обеспеченным, как и большинство моих товарищей, — ответил Весенин и стал описывать свою жизнь в учебные годы. Занятия и рядом работа ради насущного дня, скитания по меблированным комнатам, холодная зима без теплой одежды, дни без обеда.

— То-то вы такой и хороший, — воскликнула Вера, и, если бы не темнота, Весенин увидел бы на ее глазах слезы.

— Ну, однако, и по домам, — заявил Можаев.

Был уже поздний час. Уходя к себе, Можаев стукнул в дверь жениной комнаты, но на стук никто не отозвался. Он прислушался, в комнате было тихо.

"Спит уже", — сказал про себя Можаев и осторожно прошел по коридору в свой кабинет.

---

[5] пивном зале (нем.).

# XXII

Елизавета Борисовна не слыхала стука в дверь своей комнаты, потому что лежала в это время на ковре подле своего туалета в обмороке. Свечка тускло освещала большую комнату, в глубине которой в полумраке виднелась широкая кровать.

Прошло немало времени. В доме все уже улеглись, когда Елизавета Борисовна пришла в себя, поднялась на колени и бессмысленно огляделась по сторонам, но едва взор ее упал на лежащий на полу исписанный листок почтовой бумаги, как она тотчас очнулась, и судорожный стон вырвался из ее груди. Она встала на ноги и поспешно подошла к двери. Слава Богу! Войдя в комнату, она не позабыла запереть двери.

Она вернулась к туалету, подняла письмо и, сев в кресло, начала читать его снова, судорожно сжимая горло рукою, чтобы удержаться от рыданий. Прочитав только первую страницу, она лишилась сознания. Что же в целом письме? Все то же! Он отказывается от нее. Он слишком дорожит ею, чтобы подвергнуть ее репутацию двусмысленным толкам. Ха-ха-ха!

Елизавета Борисовна испуганно оглянулась на страшный раздавшийся хохот и не сразу сообразила, что это смеется она сама. Нет надобности приезжать в Петербург, потому что он на днях уезжает за границу с князем Д. Что касается денег, то нет сомнения...

Она судорожно, злобно стала рвать письмо на мелкие клочки.

О, подлость, подлость! Он дорожит ее репутацией, опозорив ее в городе, убедив сделать подлог! И она так верила ему, так любила его до последнего часа!

В то время, когда она обнимала его, прощаясь с ним, он уже готовил измену! Она вдруг сразу поняла всю ничтожность его души, ей стало стыдно, стыдно до ужаса. Обман, ложь, преступление — и ради кого?

О, позор! Она заметалась по комнате в отчаянье и ужасе. Она задыхалась и взмахом руки обнажила свою шею и грудь. Глаза ее безумно блуждали, полуоткрытый рот выражал ужас и презрение. Есть ли еще женщина, так низко павшая, как она, так глубоко оскорбленная. Перед нею встал величавый образ ее мужа и рядом фатовская фигура Анохова. Где были глаза ее, сердце, ум?..

Она не жалела о своих разрушенных мечтах, о своем разбитом призрачном счастье. Вся гордость души ее вдруг возмутилась при сознании своего унижения. Ей стало жаль себя.

Она упала на постель и стала биться в истерическом плаче. Он обессилил ее.

Она долго лежала на постели навзничь, устремив тупо взгляд в потолок, но мало-помалу силы снова вернулись к ней, и снова начались ее мучения.

Она задыхалась в комнате; ей нужно было движение, и она выбежала в сад с растрепавшимися волосами, с разорванным на груди лифом.

В саду было темно, теплый влажный воздух тяжелой пеленою лежал над землею, и резкий запах цветов недвижно стоял в нем, зажигая кровь и кружа голову.

Она не шла, а бежала по аллеям сада, тяжело переводя дух и все не находя желанного успокоения. И вдруг внезапная мысль осветила ее мозг.

Там, в конце сада, есть пруд, глубокий и грязный пруд, в котором когда-то утонул кучер. И она сделает то же! Не в воде чистой реки, а в гнилом пруду она погребет свой позор, свое отчаянье. И, спотыкаясь, торопясь, она устремилась через полянку в конец сада, где, скрытый осокой, раскинулся сонный пруд.

Она бежала по узкой аллее среди кустов малины, когда ей навстречу вдруг вышла маленькая фигура, вся в белом.

Она в ужасе остановилась, колени ее подогнулись.

— Елизавета Борисовна, это вы? Что с вами? — услышала она голос Анны Ивановны.

Она очнулась и отпрянула.

— Пустите, — заговорила она бессвязно, — я ищу смерти, не держите меня!

Анна Ивановна крепко схватила ее за руки.

— Смерти? — повторила она. — Здесь, среди любви и счастья?

— Нет для меня счастья, я осквернила и любовь, и дом этот, и себя!

Она рвалась из рук Анны Ивановны, но та увлекла ее в сторону от рокового пруда. Наконец, они дошли до скамьи, и Елизавета Борисовна упала на нее.

— Скажите, что с вами? Не таитесь от меня, — настойчиво сказала Анна Ивановна и прибавила тихо: — Я тоже думала о смерти.

— Вы? — вдруг заинтересовалась Елизавета Борисовна. — Ах, я знала, чувствовала, что мы обе несчастны! Но что ваше горе в сравнении с моим? Я — преступница!... — И, словно с

154

беспамятстве, она рассказала ей про свое падение и последний удар, нанесенный ей этим дрянным человеком.

— Где же исход из этого позора, кроме смерти? — окончила она, рыдая.

Анна стояла подле нее и с материнской нежностью гладила ее волосы. При последних словах бледное лицо; ее вспыхнуло.

— Исход? — воскликнула она. — Покайтесь! Подите сейчас к мужу, упадите ему в ноги и все, все расскажите ему. Сломите свою гордость, и что он скажет, так и будет! Нет проступка, который не повлек бы за собой казни, и не в душе преступившего, а со стороны! Пусть же приговор этот скажет муж ваш!

— Муж? Мой муж?! — с ужасом повторила Елизавета Борисовна, безумно глядя на Анну.

— Он! В самом покаянии вам отрада. Его же суда вам не избегнуть и после смерти. Ах, я перенесла так много и так много передумала!

— Муж?! — повторяла Елизавета Борисовна и дрожала при одном упоминании о нем. — Да разве может он взглянуть на меня после всего этого!...

# XXIII

Яков спал у себя наверху, в кабинете, когда к нему вошел Николай и сел в кресло перед столом. Яков проснулся и поднял голову.

— Ну, что? — спросил он. Николай отмахнулся рукою. В его жесте было столько отчаяния, что Яков встрепенулся и сел на диван.

— Что с тобой? Ты видел ее, говорил с нею?

— Со мной черт сшутил, — грубо ответил Николай, — ее подменили. Это не она. Ни прежней горячности, ни энергии, ничего! Тупое упорство и раскаяние в чем-то!...

— Но она тебе-то сказала?

— Казнь, казнь, казнь! Я казнюсь, ты казнись! Видишь ли, мы, оказывается, оба думали об его смерти, и он, чтобы наказать нас, помер! Ха-ха-ха! Может ли здоровому человеку с голову прийти такая чушь! — он хлопнул рукою по столу и встал. — Да, брат, все кончено! — сказал он обреченно. — Я просил у нее на год отсрочки, но что в этом. Будет то же самое!...

Он присел подле Якова и заговорил снова:

— Я ли не любил ее, Яша! В последнее время жил ею, дышал ею буквально! Я не мог представить себе счастья без нее! Да и теперь тоже. Что я? Птица с обломанными крыльями! И за что? Больно мне, Яша, больно! — он припал к плечу брата и горько, беспомощно заплакал.

Яков обнял его и утешал, как мать ребенка. Он гладил его волосы, целовал горячий лоб и уговаривал его ласковым голосом.

Николай очнулся и вытер мокрое от слез лицо.

— Нет, Яша, полно! — сказал он, подымая голову. — Тут все кончено. Теперь у меня к тебе одна просьба: дай мне денег, и я завтра уеду в Петербург.

— Но ведь ты хотел со мною. Я соберусь в неделю! — ответил Яков.

Николай качнул головой.

— Нет, мне час прожить здесь тяжко! Я задыхаюсь, я не могу больше. Отпусти меня!

— Разве я держу тебя, Николай! — с грустью ответил Яков. — Уезжай, а я уже следом за тобою... что же! — он встал в свою очередь и задумчиво стал ходить по комнате. — Правда, нерадостно для тебя прошли эти месяцы. Что же, там развлечешься, сядешь за работу; приеду я, и заживем мы с тобою! — Он постарался сказать последнюю фразу шутливо и ласково взглянул на брата. — Когда же завтра?

— С вечерним поездом, — ответил Николай, — днем схожу в редакцию, потом к Силину и уеду. Раньше не управиться.

— А к Лапе?

Николай словно вспомнил.

— Ах, к Лапе. К нему надо тогда сегодня. Сходим сегодня!

Яков кивнул головою. Николай сошел вниз разобраться в бумагах. Яков остался один, и горькая усмешка искривила его губы.

Ах, брат, брат, сколько себе и другим он причиняет страданий, как бурно страдает, и как скоро проходят мимо него все бури!... А для него, Якова, одно расставание с насиженным местом — целая мука. Словно делит пополам он свою душу.

— Идем, брат! — позвал его Николай снизу. Яков сошел.

Нет, Николай страдал, и даже больше, чем он это высказал! Иначе не было бы его лицо так печально и глаза не смотрели бы так безучастно. Яков взял его под руку и дружески пожал его локоть.

— Вы?! — воскликнула Колкунова, увидев из окна двух

156

братьев. — Неужели с пальмовой ветвью. О, как благодарить вас! Катя, Катя!

Она выбежала в переднюю, с исступлением жала руку Николая и звала дочь.

— Да, да, — резко ответил Николай, — пусть идет, ваша дочь, и он простит ее. А вас он действительно терпеть не может!

— Простит? — вскрикнула вошедшая в это время Екатерина Егоровна и томно поднесла платок к глазам.

— Катя, Катиш! — воскликнула полковница и бросилась к дочери. — Не волнуйся!

Яков дернул Николая за рукав, и они скользнули в комнату Лапы.

— Фу, — сказал Яков, — как вы можете жить у такой сумасшедшей старухи?

— Я не вижу ее, — ответил Лапа, — а увидев, не церемонюсь с ней. Мы сжились. Ну, принесли?

Николай кивнул и вынул бумажку.

— Только, я думаю, это мог бы написать всякий!

— Ну, нет! — ответил Лапа, читая бумажку. — Здесь важен почерк и слог вашей повести. Ведь он выучил ее наизусть!

— Неужели?

Лапа кивнул головою.

— Откуда вы знаете? — заинтересовался Яков.

— У меня Феня на это. Она познакомилась с женской прислугой у Деруновых, ходит туда и все про него знает. Знаете, что она у него нашла?

— Ну?

— Гирю в два фунта; она вся ржавая, и на ней несколько волос!

— Где же она?

Лапа махнул рукою.

— Там, где и была! Пусть полежит до времени.

Яков в волнении отер с лица пот.

— Неужели он сделал это из ненависти?

— Нет, из ненависти он хотел подвести Николая Петровича, убил же из личной мести. Я уверен, он поразит всех своим спокойствием на суде.

Яков и Николай поднялись.

— Куда же вы? А чаю?

— Нет, — ответил Николай, — мы уже дома. Я завтра еду в четыре часа. Приходите проводить.

— Вы, завтра? — Лапа пытливо посмотрел на него и потом, сочувственно вздохнув, крепко пожал Николаю руку. — Ну, желаю вам большего счастья, чем в нашем городе! — сказал он.

Братья вышли и всю дорогу говорили о странном Лапе.

На другой день Николай зашел к Полозову.

— Милушка, как я рад, что вы свободны! — воскликнул редактор "Листка", пожимая ему руку. — Статеечку принесли?

— Нет, еду в Петербург, Матвей Михайлович, и зашел с вами проститься и за расчетом, — ответил Николай.

Лицо Полозова сразу изменилось и все скрылось под волосами.

— А, гм... — пробормотал он смущенно. — Расчет... Да, да!... Вот что, милушка, — встрепенулся он, — в книге-то вы не записаны; надо подсчет строкам сделать! Я уже завтра, завтра утречком, а?..

Николай нахмурился.

— Я сегодня еду! — сказал он резко, но тотчас беспечно махнул рукою. — Тогда завтра к вам брат рассыльного пришлет! До свидания!

— Ну, и отлично! — оживился редактор. — Вот и ладно! А я к завтраму все приготовлю, а вы бы, милушка, мне из столицы корреспонденции, а? Вас здесь очень полюбили! Очень! — он схватил руку Николая и горячо потряс ее.

— Хорошо, — ответил Николай, — непременно!

Он вышел из редакции не в духе и направился к Силину. Иван растворил ему дверь; увидев Николая, он изменился в лице, но тотчас оправился.

— А за те слова, что вы намедни сказали, вас, Николай Петрович, отлично притянуть можно! — сказал он злобно и быстро выскользнул из передней.

Николай направился в гостиную. На диване, в одном белье, лежал Силин, задрав ноги на его подлокотник. Подле него на стуле стояли бутылка пива и стакан. При входе Николая он быстро сбросил ноги и радостно его приветствовал.

— Друг! — закричал он. — Не хочешь ли пива?

— Я к тебе на минуту, — ответил Николай, — сегодня я еду.

— Куда? — Силин сел на диван.

— В Петербург! И пришел просить тебя: скажи сестре твоей, что я освобождаю ее от ответа через год!

Силин встал.

— Что у вас там случилось, — недоумевал он, — ты в Питер, сестра за границу. Велела и паспорт ей добыть!

Николай махнул рукой.

— А я думал, вы поженитесь, — добродушно сказал Силин.

Николай пожал ему руку.

— И я думал то же, Степан, да не вышло, не по душам! — И, желая переменить тему, сказал: — А знаешь, мне Полозов за

158

статьи ни копейки не дал. До завтра отложил, а я сегодня еду! Отдаст?

— А много?

— Я же ничего у него до сих пор не брал. Рублей сто-полтораста!

— Фью! — Силин махнул рукою. — Ищи ветра в поле. Ах ты, простота! С него рвать надо, да еще забрать вперед постараться. А ты — ни копейки!

— Ну, пусть разживается.

— Ни за что! — воскликнул Силин, бросаясь к столу. — Пиши мне доверенность. Я, брат, с него сдеру!

— А мне вышлешь? — усмехнулся Николай, подойдя к столу.

Силин нахмурился.

— Понятно! Шутник тоже!

Николай написал доверенность. Силин сразу расчувствовался и стал целовать его.

— Это покуда так, — говорил он, — я еще приду тебя на вокзал проводить, и знаешь что?

Николай покачал головою.

— Я сам в Питер думаю. Что служба? Служба дрянь!

— А Катя Морозова?

Силин вздохнул.

— Она, брат, на днях замуж выходит за окружного акцизника!

— Что же ты в Петербурге делать будешь?

Силин оживился.

— Репортерствовать! Я, братец, здесь руку набил, слог есть, а насчет смелости!... Я на Везувий влезу, если пошлют, к Виктории в будуар войду, не то что там с головой побеседовать! А ты, — он взял Николая за руку, — порекомендуй меня. Все же товарищ!...

Николай уезжал. Лапа и Силин, помимо Якова, провожали его. Он был грустен.

— Проклятый для меня город! Сколько в нем я принял горя, и не перескажешь всего!

— Там счастье найдете! — утешал его Лапа.

Поезд тронулся. Николай стоял на площадке последнего вагона, чтобы дольше видеть вокзал и город, и приветливо кивал Якову, улыбаясь ему сквозь слезы.

"Прощай, родина! Много утечет воды прежде, чем я опять вздумаю взглянуть на твои дома и улицы". Сердце Николая сжималось тоскою. Здесь он родился, здесь он учился, здесь он впервые ощутил восторги вдохновения и первой любви. Как тосковало его сердце по родине и как хотел он снова увидеть те места, по которым ходил пылким мечтательным юношей, и что же? Как встретила его родина? Муки ревности и потом — отверженной любви, пятно подозрения и тюрьма! Вот ласковый привет родного города. Люди?.. Только Яков, брат, — его друг, а эти все Силины, Деруновы, Можаевы, что в них?..

Николай задумался о своей жизни. Каким пустоцветом показалась она ему в прошлом. Даже Богом данный талант он тратил, не приумножая и живя только сегодняшним днем, ни себе, ни людям не принося пользы. "Ленивый раб!" — прошептал он с горькой улыбкой, но тут же выпрямился и поднял глаза к светлому небу. Будущее в его власти! Пережитые испытания разве не дали ему жестокого урока? Он помнит его и поведет так свою жизнь, что окружающие благословят его имя. Он не зарыл еще в землю малость, посланную ему, но приумножит ее.

Поезд покинул черту города и пригорода и мчался степью.

"Прощай, родина! Мир широк, велик. И ты, любовь, не оправдавдавшая моих надежд, тоже..."

Николай смахнул с лица слезы, и самоуверенная улыбка озарила его лицо.

— Ваш билет! — сказал кондуктор, выходя на площадку.

Николай вынул билет и подал его.

Р-раз! Кондуктор нажал ножницами и наложил штемпель. Николай улыбнулся своей мысли.

Этот билет — сердце; поезд — жизнь; кондуктор — судьба. Сколько еще неизгладимых пометок сделает она на сердце в течение всего пути!

## XXIV

Анна Ивановна уехала за границу. В саду смолк веселый голосок и заливистый смех Лизы, на аллеях его уже не видно было маленькой, стройной фигуры ее задумчивой, печальной матери.

С ее отъездом Елизавета Борисовна потеряла единственную нравственную поддержку, и душа ее сломилась под тяжестью страданий. Она не могла переносить своего разочарования, чистая ясная улыбка Веры казалась ей укором; открытое честное лицо мужа — казнью, и, ко всему, страх перед негодяем, владеющим ее тайною, торгующим ее позором. Изнемогая от тяжких дум, не смея обратиться к мужу, она пропустила назначенное свидание, и письма, полные угроз, снова посыпались на нее через почту, оказией, с нарочными. Ужас, раскаянье, стыд, как злые демоны, терзали ее душу, и порою, оставаясь наедине, она казалась безумною самой себе. Чего ей стоило притворство днем, вечером, в полдень? Нет тяжелее казни за преступление...

Был душный день; собиралась гроза; страшное творилось в природе после нескольких дней палящего жара. Не тучи покрывали все небо, а какая-то серая дымка, сквозь которую солнце просвечивало громадным кровавым кругом. Недвижный воздух томил удушающим зноем, и в природе, изнемогавшей перед грозою, замерло все: не слышно было ни стрекотания кузнечиков, ни пения птиц, ни шелеста травы, поникли цветы и листва деревьев висела бессильно, овцы сбились в кучу, пригнули головы к земле и стояли неподвижно, огромные собаки вытянулись в пыли и высунули свои черные языки, лошади беспокойно дрожали в стойлах, и крестьяне, смотря на небо, крестились и шепотом говорили:

— Помилуй, Боже! Не иначе воробьиная ночь будет!

И такое же томление терзало душу Елизаветы Борисовны. Она сидела на балконе и с тоскою смотрела в сад, вспоминая то недалекое время, когда она смело могла взглянуть на открытые лица и Веры и мужа. Какой-нибудь год времени, и все изменилось: покой и счастье ушли без возврата, и наступили дни позора и ужаса. Только что полученное письмо жгло ей грудь, на которой спрятала она это гнусное послание.

Завтра ей грозят позором. Что же! Чем скорее, тем лучше.

Она закрыла свое побледневшее лицо руками и опустила голову на перила балкона.

На балкон вышел Можаев и остановился, с тревожной нежностью устремив на нее вопрошающий взгляд.

Он видел, что какая-то тайная тоска гложет ее сердце. Гложет с того самого вечера, как он вернулся домой из города. И чего бы он не дал, чтобы узнать ее тайну и вернуть ей покой!...

Не одну в последнее время бессонную ночь провел он за решением этой загадки. Скука? Но разве не в ее власти окружить себя весельем и забавами. Разочарование... Может быть, она полюбила другого? При этой мысли он схватывался за голову, и кровь приливала к его лицу...

Елизавета Борисовна сидела недвижно. Он не выдержал тяжелого ожидания и тихо подошел к ней.

161

— Лиза! — окликнул он ее, ласково притрагиваясь к ее наклоненной голове.

— Кто?! — вздрогнула она всем телом и, увидев мужа, быстро встала. — Как ты напугал меня, — сказала она тихо, снова садясь, но он успел заметить слезы на ее глазах и внезапный испуг.

— Лиза, — заговорил он серьезно, — Бога ради, скажи мне, что с тобою? Я слишком люблю тебя, чтобы ты могла скрыть от меня свое состояние. Твоя веселость неестественна, твой смех неискренен, ты охладела ко всему и ищешь уединений. Лиза! — он сел подле нее и взял ее холодную руку. — Скажи мне все. Может, тебе наскучила монотонность нашей жизни? Хочешь, возьми Веру и уезжай за границу; прокатись по Волге...

Она отрицательно покачала головою.

— Созовем знакомых, устроим домашний театр, прогулки...

Она с ужасом подняла руку. Он замолчал и печально опустил свою седую голову.

— Милый, добрый, — вдруг сказала она и, подняв его руку, прижалась к ней воспаленными губами, — я тебе все скажу, все!...

Он встрепенулся и тревожно взглянул на нее.

— Только подожди немного. Не сегодня!

Он тихо поцеловал ее в лоб и ушел с балкона.

Она снова осталась одна. На лице ее вдруг отразилась решимость. Она быстро встала и прошла в свою комнату.

Вдали уже громыхало.

Вера одна сидела в. потемневшей гостиной и перебирала клавиши рояля.

Ей было и скучно, и грустно от каких-то смутных предчувствий.

Весенин сегодня не приехал, и она чувствовала его отсутствие.

Вдруг порывистый ветер пронесся по комнатам и с такой силой хлопнул балконной дверью, что стекла разлетелись и посыпались со звоном. Занавесы поднялись как флаги; в саду зашумели деревья. В комнате сразу стало темно, как ночью.

Страх охватил Веру. Она бросилась в комнату мачехи, но дверь к ней оказалась запертою.

— Мама, — закричала она испуганно, — пусти меня, я боюсь!

— Не могу, Верочка, я занята очень! — послышался в ответ взволнованный голос Елизаветы Борисовны.

Вера вбежала к себе, зарылась с головою в подушку и замерла. Яркая молния озарила комнату, в тот же миг с сухим треском прокатился гром, и снова молния, снова гром, а затем с глухим шумом полился дождь.

Было что-то ужасное в этом шуме. Казалось, он растет, ширится, небо разверзается все шире и шире... и ливень грозит затопить всю землю.

Елизавета Борисовна дописала последнюю страницу, сложила письмо, запечатала в конверт и, подойдя к комоду, выдвинула ящики и стала быстро перебирать лежащие в них вещи. Ручной сак скоро наполнился доверху. Она крепко защелкнула его, набросила на себя резиновый плащ и, оглядев еще раз комнату долгим прощальным взглядом, тихо отворила двери и вышла.

Кругом было пусто.

Она открыла запертую слугою балконную дверь, выскользнула в сад и, обогнув его сзади, через густые заросли крыжовника, дошла до ветхого забора и пролезла через отбитые доски на узкую тропинку широкого луга. Дождь лился сплошною массою, ветер рвал капюшон с ее головы, она спотыкалась и все шла и шла по мокрой траве в легких туфлях, с саком в руке.

Бежать как можно дальше от этих честных людей, бежать и где-нибудь в глуши схоронить свой позор, свое унижение...

# XXV

Непогода бушевала. Молнии сверкали, сопровождаемые трескучими раскатами грома; дождь низвергался на смятенную землю сплошным потоком, и ветер пригибал деревья до самой земли.

Старая Ефимья зажгла пасхальную свечу и, трепеща от суеверного ужаса, шептала молитвы перед иконою, отбивая поклоны. Весенин уже загасил лампу и приготовился заснуть, когда в соседней комнате услышал шаги и смятенный шепот.

— Кто там? — окликнул он.

— Федор Матвеевич, за вами с усадьбы! — отозвался из комнаты Елизар. — Степана пригнали. Экстра!

В один миг Весенин был на ногах и дрожащими руками зажигал свечу.

— Что случилось там? Где Степан?

Рослая фигура кучера показалась в дверях и отвесила низкий поклон Весенину.

— Не могу знать, Федор Матвеевич, только Сергей Степанович даже сами прибегли в конюшню и приказали гнать! — ответил он.

— Ты на чем?

— Как есть верхом! — ответил Степан.

— Елизар, подай Мальчика!

Весенин поспешно оделся в кожаную куртку и высокие сапоги. Испуганный непогодою, конь бешено рванулся из ворот и помчался по размытой дороге. Голова Весенина кружилась, сердце замирало от ужасных предчувствий.

Он бросил лошадь посреди двора и бегом вбежал в кабинет Можаева. Увидев его, он затрепетал от страха, так изменился Сергей Степанович. Одежда его была мокра, волосы растрепанны, глаза лихорадочно горели, и он, остановившись посредине кабинета, не сразу узнал Весенина.

— Вера? — с замирающим сердцем спросил Весенин. Можаев отрицательно качнул головою.

— Жена! — ответил он глухо. Весенин сразу успокоился, и мысли его прояснились.

— Больна?

— Вот, прочтите! Скорей только, дорога каждая минута! — он указал на свой стол, а сам тяжело опустился на диван и обхватил голову руками. Весенин поспешно подошел к столу и, взяв исписанный мелким почерком лист бумаги, стал внимательно прочитывать его. И по мере чтения негодование, сожаление, ужас попеременно овладевали его душою.

Это было последнее письмо Елизаветы Борисовны.

С отчаянием самоубийцы она рассказывала про свою измену, про свое преступление, про свое унижение и позор. День за днем она рассказала свою пытку последнего времени, невыносимые муки раскаяния и кончила мольбой о прощении. Она просила простить не ее, а память о ней, потому что она никогда больше и ничем не напомнит мужу о своем существовании...

Слезы застилали глаза Весенина, когда он, положив письмо опять на стол, обернулся к Можаеву.

— Что ты думаешь, — спросил он, — она умерла?

В первый раз он говорил ему "ты", и Весенин сразу понял, как сжились они с ним за все время и как прочна была их нравственная связь.

— Нет, — ответил он твердо, — она иначе бы прощалась тогда. Она бежала!

Можаев быстро встал и подошел к Весенину. На лице его блеснула надежда.

— Я сам так подумал. Я был у нее, там все раскидано. Видно, она брала что-то; нет ее плаща. Зачем плащ? Если бы она...

Весенин кивнул. Можаев взял его за плечи.

— Я люблю тебя и верю тебе, — сказал он порывисто, — помоги же мне! Я люблю ее и не могу допустить мысли, чтобы она вне моего дома искала защиты и спасения. Измена — ошибка! Виноват я, только я, старый дурак, увлекшийся перед смертью! — он взялся за голову, прошел по кабинету и снова подошел к Весенину. — Дорогой мой, — произнес он молящим голосом, — я совсем потерял голову и обессилел. Найди ее, уговори, верни! Она не могла уйти далеко. Смотри, — он указал на окно, — какая ночь! Она нежное, избалованное дитя. Куда уйти ей?..

Весенин нежно взял его за руки.

— Дорогой Сергей Степанович, — проговорил он дрожащим голосом, — прежде всего успокойся, ляг вот тут, а я сейчас подыму людей...

— Тсс! — Можаев судорожно схватил его за руку. — Бога ради, без огласки! Чтобы никто не знал. Слышишь, никто. Даже Вера. Ты да я...

Весенин кивнул головою.

— Только ляг! Дай мне слово лечь, а я не вернусь без нее.

— Милый, спасибо! — Можаев обнял его, и в горле его заклокотали рыдания. — Иди, иди! — толкнул он его к двери...

— Я пришлю тебе человека! — крикнул, выходя, Весенин.

— Иди к барину и уложи его в кабинете, — сказал он испуганному человеку, встретив его в прихожей, — барину худо. Смотри только, шуму не делай и не беспокой барынь.

— Слушаюсь! — оторопело ответил лакей.

Весенин выбежал на двор.

— Степан! — звонко закричал он. — Тройку лошадей и коляску. Скорее!

План быстро созрел в его голове. Все равно метаться по дорогам нет смысла. Она уйти или уехать далеко не может, если не по железной дороге; по железной он нагонит ее в городе, куда поедет сейчас, и там посоветуется с Яковом Петровичем. Возьмет его...

— Не жалей, Степан, гони! — крикнул, впрыгивая в коляску, Весенин. — В город! В два часа!

— Го-го-го! Милые! — заготовал Степан.

Лошади рванулись. Коляска металась по колеям, комья грязи летели под навес коляски, конские копыта звонко шлепали по лужам и грязи.

Весенин сидел нагнувшись и только кричал "гони"! Быстрая езда среди непроглядной тьмы при блеске молнии и грохоте грома возбудила его, и мысли его быстро проносились в голове. В то же время он зорко смотрел по сторонам дороги при мерцающем свете экипажных фонарей. Дорога была пустынна. Будь она на ней, тройка бешено скачущих лошадей давно бы нагнала ее, но на дороге не было даже пня, похожего на человека.

— Стой! — крикнул Весенин подле дома Долинина. — Проводи лошадей, пусть передохнут. Нет! — поправился он. — Иди на почту, возьми тройку свежих и сюда назад! Тех пригонишь завтра в усадьбу. Если из ямщиков свободен Николай, пусть едет он.

Яков вскочил с постели, услышав оглушительный звонок. Что это? Кто это может быть?

Торопливые шаги раздались внизу, потом по лестнице. Яков поспешил зажечь свечку. Сердце его упало. Не случилось ли чего с Николаем?

— Простите! — раздался голос.

На пороге комнаты, весь забрызганный грязью, стоял Весенин.

— Я к вам как к другу!

— Что такое? Несчастье? — Долинин откинул одеяло и сел, забыв даже, что он в одном белье.

— Да! Помогите, что делать?

Весенин опустился в кресло и быстро рассказал суть дела. Яков внимательно слушал.

— Ну? Что делать? Где искать?

— Прежде всего бегите на вокзал. Ее все там знают. Справьтесь. Хотя бы вы должны были ее догнать... Сколько прошло времени?

— Пять, шесть, семь часов!

— Двадцать пять верст! Нет, ее не может быть в городе, даже если поехала, — уверенно сказал Яков. — Погодите! — он вдруг ударил рукой о колено. — Лапа!

Весенин не понял.

— Что Лапа?

— Если он согласится, он поможет. Никто, кроме него. Постойте, я оденусь и приведу его. Мигом!

— Но... Ловко ли?

— Такое дело! — воскликнул Яков и стал одеваться.

— А с этой канальей церемониться нечего, его бы под суд надо, да неловко. Вы просто разрешите мне еще как нотариусу,

166

и я сделаю судебному приставу заявление о существовании векселей Можаева и Дерунова.

— Отлично! — согласился Весенин.

— Далее, — говорил Яков, уже одетый, — Лапа, наверное, уедет с вами. Надо его познакомить с Можаевым; я же вплоть до известия от вас буду сторожить все отходящие поезда. Ну, до свидания! Я прикажу подать вам чаю!

Он кивнул Весенину и сбежал вниз.

Гроза утихла, но дождь все еще лил как из ведра и напоминал Весенину громкий плач. Смутно было на душе. Он жалел и его, и ее и мгновениями вдруг пугался при мысли, что, может быть, в поисках своих они найдут только труп.

Как поступил бы он на месте Можаева? Конечно, так же. Даже без любви — так же; может ли тут быть два решения?.. Однако он и устал!... Он вздрогнул и открыл глаза. Заспанная прислуга внесла стакан чая и ром.

Он с жадностью стал пить горячий чай.

Внизу хлопнули двери, послышались шаги.

Вошел Долинин с незнакомым человеком.

Так вот он, Лапа! Этот полусонный апатичный господин с полуприкрытыми глазами. Весенин подал ему руку и с недоумением взглянул на Якова, но тот твердо сказал:

— Алексей Дмитриевич согласился помочь вам. Он знает в лицо Елизавету Борисовну, и это облегчит дело. Он готов хоть сейчас, и потому...

— Едем! — делая последний глоток, окончил за него Весенин и встал. — За все вам спасибо, — благодарил он Долинина, крепко встряхнув ему руку.

— Глупости! — ответил тот. — А я сделаю заявление и буду следить! Ну, помоги вам Бог.

Лапа молча следовал за Весениным и молча уселся с ним в коляску.

— Гони вовсю! В Можаевку! — приказал Весенин, и коляска снова заметалась из стороны в сторону. Весенин первый прервал молчание.

— Как вы думаете ее искать? — спросил он.

— А? Что? — переспросил Лапа, словно очнувшись. Весенин нетерпеливо повторил вопрос.

— Я еще ничего не думаю, — ответил он, — Яков Петрович попросил меня. Я для него согласился. Мне нужно прочесть письмо, видеть дом, комнату, тогда...

Он замолчал и, казалось, погрузился в дремоту, потом вдруг спросил:

— Как вы спохватились ее? Когда? Кто?

— Я не знаю!

— Надо все знать, — ответил он и опять замолк.

Восток уже алел; дождь слабо сеял с хмурого неба, дул свежий ветер. Коляска сделала два бешеных скачка, завернула и въехала во двор.

— Ее бегство тайна для всех, — торопливо предупредил Весенин Лапу, выходя из коляски. — Я привез доктора!

Лапа молча кивнул головою и поплелся следом за Весениным.

Можаев вскочил при его входе. Он лежал на диване, прикрывшись пледом, одетый, и теперь, при борющемся свете лампы с дневным светом, показался Весенину еще страшнее.

— Ну, что? Нашли? Кто это? — вскрикнул он, отступая при виде Лапы. Тот скромно поклонился. Весенин поспешил объяснить.

— Разве нельзя было без этого? — с упреком прошептал Можаев. Весенин покраснел.

— Нет, — ответил он твердо, — надо быть в доме, надо следить на вокзале, надо везде искать! Долинин и Алексей Дмитриевич по службе умеют хранить тайны.

Можаев опустил голову.

— Что же, пусть ищет! — сказал он упавшим голосом.

Лапа выступил вперед и твердо изложил свои желания видеть письмо, видеть ее комнату, дом.

— Проводи его, покажи! Письмо вот! — покорно ответил Можаев.

Лапа сел к столу и внимательно прочел письмо, потом, нагнувшись, он поднял с полу конверт, разгладил его рукою и внимательно осмотрел его.

Можаев оживился. Следя за Лапою, он становился все внимательнее. Наконец, Лапа обернулся к нему.

— А как вы получили это письмо? — спросил он.

— Я не получил, а сам взял у нее со стола, — ответил Можаев.

Он замолчал. Молчал и Лапа. Можаев провел рукою по лицу и продолжал:

— Было часов одиннадцать. Я пошел проститься с нею, комната растворена... беспорядок. Я увидел письмо и взял...

— Одиннадцать? — Лапа вынул часы и взглянул на них, потом встал.

— Покажите ее комнату! — сказал он.

— Скажите, она жива? — дрогнувшим голосом спросил Можаев.

Лапа пожал плечами.

— Верно одно только: она не думала о смерти, когда писала, а там... по дороге!

— Ах! — простонал Можаев.

— Ты ляг! — сказал Весенин, выходя с Лапою. Они прошли и осмотрели комнату. Потом Лапа обошел дом и через балконную дверь вышел в сад.

— Ворота запираются? — спросил он. Весенин кивнул.

— Сад выходит на двор, на дорогу и?..

— На луг, — ответил Весенин.

— Идемте туда, — твердо сказал Лапа.

Весенин повел его по саду к стороне, выходящей на луг. С каждым словом, с каждым шагом он проникался уважением и доверием к этому полусонному человеку.

— Она не могла выйти через двор. Надо было бы беспокоить сторожа; не могла и на дорогу, потому что, я видел, — там каменная ограда. А здесь?..

Весенин указал на длинный забор, закрытый до половины кустами малины и крыжовника.

— А! Посмотрим!

Лапа подошел вплотную к забору и осторожно пошел вдоль него.

— Вот! — сказал он, остановись подле выпавших из забора досок. — И вот! — он нагнулся и снял лоскут материи, зацепившийся о гвоздь нижней поперечины.

Весенин вскрикнул.

— Куда можно выйти через этот луг? — спросил Лапа, вылезая на луг.

Весенин пролез за ним.

— Если идти прямо, то будет проселочная дорога на деревни Ворсклово, Турово, Слезино и Погост.

— Так! Ехать можно?

— Понятно!

— Дайте мне лошадь и объясните дорогу, — сказал Лапа, пролезая обратно в сад.

Весенин торопливо повел его домой.

— Он нагонит ее, — уверенно сказал он, вводя его к Можаеву. — Я ручаюсь вам!

Можаев с мольбою взглянул на Лапу.

— Я ничего не пожалею, найдите ее. Скажите ей...

— Вы сами ей все скажете, — перебил его Лапа, — я найду ее, и вы к ней приедете!

— О, да, да! Боже, как мне благодарить вас за услугу, — вскричал Можаев.

Лапа покачал головою.

— После, после. Вам отдохнуть надо, укрепиться! — сказал он добродушно.

В дверь кабинета постучали.

— Лошадь готова, — сказал Весенин, — идемте!

Лапа приостановился.

— Дайте мне денег, мелочи!

Можаев кинулся к столу и раскрыл ящик, полный мелкой монеты.

— Вот, — торопливо сказал он, — это для конторы. Для расчета, берите!

Лапа взял несколько свертков и опустил их в карман пальто.

— Теперь ведите меня! — сказал он.

## XXVI

Весенин вернулся в кабинет и уговорил Можаева лечь. Он стал послушен, как ребенок, и тотчас лег. Весенин накрыл его пледом и, поправив подушки, сел подле него.

Как велика сила любви! Ничтожного человека она превращает в героя, сильного — в слабое и беспомощное создание. Умный, находчивый Можаев растерялся: энергичный человек, который один боролся с десятками, обратился в слабого ребенка только потому, что молодая жена его оставила.

— Я чувствую, как падают мои силы, — слабо заговорил он, — но в то же время знаю: найди он ее, и силы ко мне вернутся. Если же он ее не найдет или... что еще хуже... я умру! Я не могу вынести мысли, что все время со мною она была как в тюрьме, страдала, и я не знал этого, не догадывался!... Чем искуплю вину свою перед нею?..

— Вы же любили ее, — сказал Весенин.

— Любил! — Можаев приподнялся и сбросил плед. — Слово не передает моего чувства!... Но я должен был понять ее, стараться об этом. Ведь она не обманывала меня. Она говорила мне: я глубоко вас уважаю, как умного и честного человека; взамен любви я дам честную привязанность. Безумец! Я пошел на эту подлую сделку! Разве я не знал, что сердце ее запросит любви; разве я не видел, что она почти ровесница моей Вере. Не суди меня, Федор Матвеевич, я уже осудил себя. Мой

170

товарищ, умирая, поручил мне дочь, и вот моя опека! Жалкий, нечестный старик!...

Он упал на подушку, и голова его заметалась. Весенин нагнулся над ним и стал успокаивать его, но сам чувствовал, что перед нравственной пыткой старика слова его бессильны.

День уже вступал в свои права. Ясный, ликующий день над землею, омытой дождем. Мир и любовь вместо смятенья и ужаса! Ясное, чистое небо вместо грозовых туч, животворное солнце вместо грозного блеска молний!...

Можаев задремал. Весенин вышел распорядиться по дому и по конторе. Люди просыпались. Он с тревогою думал, как спасти имя Елизаветы Борисовны от пересудов прислуги и скрыть переполох в доме. Он осторожно пробрался в спальню Елизаветы Борисовны, привел в ней все в видимый порядок и нарушил строгую чинность постланной постели; после этого он запер дверь в спальню и, сойдя в людскую, приказал ставить самовар.

— Пожалуйста, — сказал он молодой горничной, — скройте от барышни, что Сергей Степанович захворал, барыня вернется и скажет ей!

— Помилуйте, Федор Матвеевич, разве мы бесчувственные какие, не понимаем! — ответила горничная, и по ее лицу Весенин сразу увидел, что совершенно напрасны были все его предосторожности.

— Уберите комнату барыни, — сказал он ей внушительно-строго, подавая ключ от спальни.

Как быстро, незаметно промелькнула ночь, так томительно, долго тянулось утро. Весенин с нетерпением ждал выхода Веры, поминутно заглядывал в кабинет и без конца прислушивался, когда ему слышался конский бег на дороге...

Мучительна была истекшая ночь!

Под проливным дождем, сбиваемая резкими порывами ветра, замирая испуганно при ударах грома, в паническом страхе погони, Елизавета Борисовна бежала все вперед и вперед, спотыкаясь, падая, поднимаясь и ускоряя свой неровный шаг. Быстрые кони преодолели пятьдесят верст, а она, измученная, усталая, пробежала только длинное село, перелесок, скошенный луг и, обессиленная, упала у дороги в намокшей одежде, забрызганная грязью, в полубессознательном состоянии. Ей слышалась погоня; она силилась подняться, судорожно хватаясь руками за землю, и бессильно опускалась; вокруг чудились крики, голоса, ее куда-то несли, она рвалась и, снова теряя силы, впадала в забытье, невыносимый кошмар душил ее, и она стонала...

В бледных сумерках наступающего утра Лапа свернул с узкой колеи на луг, подъехал к самому забору можаевского сада и медленно, осматривая каждую кочку, объехал весь луг, потом снова выехал на дорогу и шагом поехал по ней, вглядываясь в редкий осинник, поросший по краям дороги. Зоркий глаз его не усматривал никаких признаков. Не будь ночь так ужасна, ни один след не остался бы не замеченным им.

Огромное село раскинулось перед ним; он переехал узкою дорогою поле, растворил ворота и въехал на улицу. Несмотря на ранний час, в селе уже просыпались. Стоя посреди улицы, пастух, пронзительно дудя в длинную дудку, созывал скотину, бабы вереницею шли за водою.

Лапа подстегнул лошадь и поравнялся с ними.

— Эй, молодки! — окликнул он их весело. — Скажите ради Бога, не стучался ли ночью к кому-нибудь странник в окошко? Надобно мне его больно!

Бабы испуганно столпились и зашептались друг с другом.

— Не, милый человек, — звонким голосом ответила одна за всех, — никого не было!

— Да кому и идтить было в такую ночь! — заметила другая.

Лапа кивком головы поблагодарил их и задергал вожжами. "Прошла или обошла стороною, — думал он, — но тогда она должна просто блуждать без дороги, а случись это в темную грозовую ночь, она не ушла бы с луга, кружа по нему".

— Ну, ну! — прикрикнул он на лошадь и, обогнав стадо, выехал из села.

— На Турово прямая дорога? — спросил он пастуха.

— Во, во! — закивал пастух, указывая хворостиной. — Так все идет! Потом леском будет, а потом лугом, хорошие луга пойдут, а там и Турово.

— Далеко?

— Шесть верст, милый человек!

— Ну, ну! — Лапа снова тронул вожжи и теперь уже крупной конской рысью помчался по узкой проселочной дороге, грузно встряхиваясь на каждой кочке.

В Турове все уже проснулись. Стадо уже угнали, бабы принесли воду, мужики ушли в луга, и ребятишки весело бегали по улице, шлепая по лужам босыми ногами.

Лапу вмиг окружила их веселая толпа.

— А что, ребятки, — спросил Лапа, останавливая лошадь, — не стучался ли ночью к кому странник, человек Божий, а?

— Странник? — спросил белокурый мальчуган и, тряхнув головою, ответил: — Не! Никого не было! Мне тятька бы сказал!

— А у вас?

— Не, дяденька! Никого не было, — отвечали мальчишки хором.

— А урядник на лугу человека изловил, вот что! — произнес кто-то.

— И врешь, бабу! — с азартом поправил его рыжий мальчик.

Лапа оглянулся.

— Может, странника, старика? — спросил он.

— Не!

Из толпы выделился мальчишка и бойко заговорил:

— Бабу! Мокрую такую и в сером балахоне. Семен Елизарыч под утро нашел ее, ее волоком и поволокли. Прямо к становому на дом.

— А где становой у вас?

— А вон, дяденька! — и мальчишки гурьбою устремились к красивой избе, на которой красовалась железная доска с надписью: "Канцелярия пристава 4-го стана".

Лапа бросил вожжи и торопливо вошел в квартиру пристава.

— Пристава мне! — сказал он, входя. Навстречу ему поднялся заспанный урядник.

— Спят-с!

— Разбуди!

Урядник почесал в затылке. Лапа опустил руку в карман, протянул сжатый кулак уряднику, урядник в свою очередь разжал и сжал свою руку, после чего лицо его тотчас озарилось готовностью и вся фигура выразила глубокое почтение к особе Лапы.

— Ты нашел женщину?

— Так точно-с! В бесчувствии-с! На лугу, у дороги.

— Где она?

— В покое-с! Пристав приказал сперва в холодную, ну а потом велел в покой. Где то есть у них допрос делают!

— Буди его! — нетерпеливо крикнул Лапа. Урядник стремглав бросился во внутренние комнаты.

Десять минут спустя Лапа прошел туда же, приглашенный урядником. Еще десять минут — и он, улыбаясь сам себе, сел в дрожки и погнал лошадь во весь ее бег, а в квартире станового шла суета.

Поднятая с постели жена его торопливо постилала в гостиной на широком диване чистое белье, в кухне стряпуха ставила самовар, урядник помчался сломя голову за земским врачом на пункт, а становой суетливо облекался в полную полицейскую форму.

— Ну, ну, ну! — погонял Лапа лошадь. — Скачи, лошадка, ты везешь добрые вести!...

Весенину было невыносимо трудно лукавить с Верою.

— Вы здесь, так рано? — с изумлением воскликнула она, сойдя в столовую. — Что случилось?

Весенин придал себе беспечный вид.

— Приехал в контору перед работою. Это для вас рано, а я с четырех часов уже на ногах! — ответил он.

Вера, видимо, успокоилась.

— Выпейте чаю с нами; я налью! Сейчас придут папа и мама!

— Барыня не придут, им нездоровится. Просили к себе подать, — быстро соврала горничная, лукаво взглянув на Весенина.

Он покраснел.

— Сергей Степанович уехал на мельницу! — сказал он Вере. Вера обеспокоилась. Она вспомнила, что мачеха не пустила ее к себе вчера вечером, и сомнение запало в ее душу.

— Я снесу сама маме! — сказала она. Горничная смутилась.

— Барыня просили... — начала она. В это время из кабинета раздался резкий звонок.

Вера с упреком взглянула на Весенина, который быстро вскочил.

— Это звонит папа! — воскликнула она, рванувшись с места. — Что случилось? Зачем вы лжете?

— Вера Сергеевна, голубушка Вера, — остановил ее Весенин, — я вам все скажу потом! — и, оставив Веру в полном недоумении и страхе, он прошел в кабинет.

Можаев проснулся.

— Вернулся? — спросил он.

— Нет еще.

— Сколько прошло времени?

Весенин посмотрел на часы.

— Два часа!

— Как мучительно ожидание, — прошептал Можаев.

— Я уйду и пришлю тебе чаю, — сказал Весенин, — я с Верой.

— Иди, иди!

— Налейте стакан чая, — сказал Весенин Вере, — я снесу его Сергею Степановичу!

— Он болен?

Весенин отрицательно покачал головою.

— Я вам все скажу, — повторил он и снова вышел.

Возвратясь, он напился чаю и, выйдя с Верою на балкон, взяв ее за руку, начал:

— Я вам расскажу семейную тайну, но вы должны помнить, что этим я нарушаю волю Сергея Степановича, а потому никогда, ни под каким видом вы не должны показывать, что знаете ее.

Побледневшая Вера кивнула головою. Весенин стал рассказывать, стараясь щадить целомудрие Веры, но она ясно понимала все недосказанное.

— Я всегда ненавидела этого Анохова! — сказала она в самом начале рассказа.

Звонок Можаева три раза прерывал рассказ. Три раза спрашивал Можаев — вернулся ли Лапа, и три раза Весенин отвечал отрицанием.

Вера вся трепетала, слушая рассказ. Под конец она не выдержала и зарыдала.

— Бедная мама! Бедная мама! Что с ней? Где она? О, как я хотела видеть ее вечером, и она меня не пустила!... Вы думаете, он найдет ее?

— Наверное!

— Живою?

Вера даже затряслась при этом вопросе.

— Живою! — ответил ей незнакомый голос. Весенин быстро обернулся.

— Лапа! — воскликнул он. — Вы нашли ее?

Лапа кивнул головою. В кабинете Можаева снова звенел звонок.

Весенин вбежал в кабинет.

— Собирайся. Она найдена! — закричал он.

Вся прежняя энергия вернулась Можаеву. Он вскочил с дивана и подбежал к Лапе.

— Как мне благодарить вас, — воскликнул он. — Где она? Как вы нашли ее?

— После, теперь поедем.

— Едем, Федор Матвеевич.

Но Весенин уже хлопотал на дворе. Снова выкатили коляску и торопливо впрягли в нее лучшую тройку.

Лапа и Можаев вышли на двор и через минуту мчались по неровной дороге...

Вера, задумавшись, сидела на балконе.

— Федор Матвеевич, отчего все это? — спросила она.

— Что? — не понял ее сразу Весенин.

— Ах, это! Вот Долинин, Анна Ивановна, мама. Ведь они все, — она запнулась, — несчастные.

— Оттого, дорогая моя, что они все неуравновешенные. У них чувство, воображение развиты настолько, что перевешивают трезвый ум, и их никогда не может удовлетворить жизнь. Требований у них к ней столько, что они всегда и в любви, и в разочаровании несчастны.

— Все желают себе счастья, — ответила Вера.

— Но надо знать, что желать. Желай возможного. На земле есть много счастия, если человек сумеет поставить себя — ну, хоть на второй план. А то все для себя, потом и обижаются.

— Вы нашли свое счастье? — спросила его Вера, в упор глядя на него.

Весенин смутился.

— Я счастлив по-своему, — ответил он уклончиво.

— Неправда, — качнула головкою Вера, — я знаю вас! Вы иногда печальны. Вы не можете быть счастливы, потому что поставили себя чуть не на последний план, а говорите только так!... Когда я думаю, что вот вернетесь вы домой и там сидите одни с этой Ефимьей, мне делается грустно. И это теперь, а зимою? Все занесет снегом, волки воют, вокруг никого...

Весенин тяжело вздохнул.

— Этого нельзя изменить, — сказал он.

Она быстро встала и, краснея, взглянула на него.

— Женитесь!

Он натянуто засмеялся.

— Кто пойдет за меня? Я даже не умею говорить с женщинами.

— За вас? — лицо Веры вспыхнуло. — Вы такой добрый, умный, честный, смелый и спрашиваете? Да всякая должна счесть за... — голос ее пресекся.

Весенин схватил ее руку, счастье волной подхватило его, и он нагнулся к пылающему лицу Веры.

— Ну, если бы я сказал вам?.. — прошептал он.

— Я бы! — Вера вдруг обвила шею Весенина руками и горячо поцеловала его. — Вот! Я всегда, всегда...

И, вырвавшись из его объятий, она убежала с балкона.

А в это время Можаев стоял на коленях подле дивана, на котором лежала бледная, изнуренная Елизавета Борисовна, и, целуя ее холодные руки, говорил ей:

— И как могла ты решиться уйти от меня? Не ты, а я виноват во всем, и мы все поправим. Это злое прошло и не вернется. Не бойся меня: ты и Вера — мои дочери. Мое счастие — твое счастие!

Елизавета Борисовна слушала его, закрыв глаза, и вдруг, обняв его, зарыдала:

— Ты простил! Я знала это и боялась этого больше всего, а теперь мне легко. Ты не гонишь меня, не презираешь?

— Что ты, Лиза! Разве я сам без ошибок!

— Ну, а я... я клянусь быть только твоей, жить только для тебя... верь!...

Она прижалась к его плечу и замерла в волнении. Можаев не выдержал и глухо зарыдал.

— Жизнь моя, счастье мое! — сказал он, прижимая к груди ее голову.

Елизавета Борисовна отдалась его ласкам и в первый раз в жизни почувствовала себя счастливою.

## XXVII

Был обеденный час, когда Лапа вошел в столовую, в которой сидел Яков Долинин. Он быстро встал навстречу нежданному гостю.

— Ну, что сделали? Ее здесь не было.

— Она уже дома, — ответил Лапа, садясь к столу, и словно нехотя рассказал про свои поиски.

— И труда-то не было, — окончил он рассказ, — нужно было только открыть направление, а там... далеко ли она уйти могла?!

Яков засмеялся.

— Вы гениальный человек и цены себе не знаете! — сказал он.

— А вот и знаю, — ответил Лапа, — вы и не думаете, зачем к вам пришел!

Долинин вопросительно посмотрел на него.

— Контору у вас купить. Вот зачем! Будет с меня в роли писаря околачиваться. Можаев дает деньги, экзамен я хоть сейчас сдам, а там женюсь. Чего еще! — он усмехнулся и потер руки. — Дело за вами только.

— За мной? — Яков пожал плечами. — Забирайте себе всю обстановку, я за нее с вас полушки не возьму. Вы спасли моего брата. Хотите еще Грузова в придачу?

— Грузова? Ну, ах, оставьте! Этот почтенный Грузов, вместе с Косяковым, делил деньги Можаевой.

Яков отшатнулся.

— Откуда вы это знаете?

— Я? — Лапа прищурился. — Я совершенно случайно. У Захаровых служит Луша, эта Луша дружит с моей Феней и состоит невестою кондитера с гор; на горах же живут эти приятели, и все толкуют про их дружбу и внезапное обогащение. Раз я знаю, откуда богат Косяков, ясно, откуда богатство и Грузова. Может быть, он получил векселя для протеста, узнал про смерть Дерунова и удержал их. Дерунов, оказывается, собирался протестовать их.

Яков покачал головою.

— Я рад, что расстался с ним, — сказал он. — Ну, а на ком же вы женитесь?

Лапа засмеялся.

— На Фене! Она славная девушка: и любит меня, и не привереда. До сих пор была во всем помощницей. Вот и теперь. Я здесь с вами, а она на кладбище Ивану спектакль готовит. Ну-с, пойду и я! — сказал он, вставая. — Так решено?

Яков крепко пожал ему руку.

— В любое время приходите — и оформим! Я хочу ехать послезавтра, но могу день, два промедлить. Хотя скучно! — сказал он.

Лапа ушел. Яков тоскливо огляделся. Действительно, скучно. Дом, с которым он свыкся, "отдается внаймы или продается"; люди, к которым он привык, останутся в родном городе, из которого он сам себя осудил на изгнание. Пуста и холодна его жизнь. Ему на миг стало завидно Лапе, который женится на Фене. Огласятся эти комнаты веселым женским смехом, детскими голосами, и, словно солнце, озарятся эти унылые покои холостяка. Он встал из-за стола и, тяжело ступая, пошел к себе на верхушку, где провел так много времени в счастливом покое.

Лапа зашел на квартиру Казаринова.

— Где вы пропадали сегодня, Алексей Дмитриевич? Так нельзя, ей-Богу! — встретил его следователь упреком.

Лапа хмуро взглянул на него.

— Занят был, по экстренному делу!

Казаринов всплеснул руками.

— Смилуйтесь, — воскликнул он, — экстренное дело, когда у нас — у нас — это проклятое убийство! Гурьев смеется, председатель торопит. Конец июля, два месяца — и никакого следа!

Лапа усмехнулся.

— Дайте мне приказ об аресте. Я сегодня арестую настоящего убийцу, — сказал он.

Следователь даже подпрыгнул.

— Вы? Настоящего? Когда я...

— Ничего не мог сделать, — окончил Лапа, — ах, Сергей Герасимович, да разве, в кабинете сидя, до чего-нибудь вы додумаетесь, что найдете? Надо на людях искать, спрашивать, нюхать. Разве это ваше дело?

— Кто же это, милый Алексей Дмитриевич? А?

— Пока не скажу!

— Но ведь в приказе я должен же имя проставить! — взволновался Казаринов.

— Оставьте пробел, а впрочем, как хотите. До свиданья!

Лапа повернулся к дверям. Казаринов удержал его за рукав.

— Вот уж и недоволен! — сказал он. — Ну, полно, полно! Я напишу!

Он сел за стол и достал бланки.

— Только, — приноравливаясь писать, сказал он, — пусть это между нами. А?

— Никому не скажу! — усмехнулся Лапа, беря приказ об аресте.

Не заходя домой, он прошел в полицию, предъявил приказ, проставив в нем имя Ивана Кочетова, и в сопровождении двух полицейских направился на местное кладбище. Навстречу им показался Иван. Он был неестественно весел. Глаза его сияли, он шел смеясь, говоря сам с собою и размахивая руками. Сзади него шла Феня, делая Лапе знаки. Лапа сравнялся с Иваном и положил ему на плечо руку.

— Ну, доволен! — сказал он. — Получил благодарность?

Иван испуганно отшатнулся от него.

— Дурак, — сказал Лапа, — ведь это нарочно писано, чтобы тебя поймать. Ну, кто убийца, говори теперь!

Иван рванулся из его рук, но в это время полицейские схватили его за локти. Иван сверкал глазами и тяжело переводил дух. Вдруг он встряхнул головою и усмехнулся.

— Ежели и нарочно, то я очень рад, — сказал он, — потому иначе она и думать не может.

— То-то! — ответил Лапа. — Теперь они проводят тебя, и там ты оканчивай свой рассказ про Николая Петровича.

Иван злобно засмеялся.

— И напишу-с! — крикнул он в то время, как полицейские сажали его на дрожки.

Лапа взял Феню за руку и прошел с ней на кладбище. Она оживленно начала рассказывать ему.

— Как я увидала, что он идет, я на крест бумажку-то и прилепи. Он пришел и стал молиться, а я смотрю. Потом, как увидит он бумажку-то...

— Брось! — перебил ее Лапа, опускаясь на одну из скамеек у могильной ограды.

Феня тотчас замолкла. Он протянул ей руку и посадил рядом.

— Ты скажи мне лучше, надоело тебе у полковницы служить? А? Хотела бы ты замуж, сама хозяйкой? А?

Феня нахмурилась и потупилась.

— Кто же возьмет меня, — сказала она тихо, — и потом, очень я уж к вам привязалась. Не гоните меня! — и она подняла на него глаза, слезливо моргая ими.

— Дурочка, — сказал Лапа, обнимая ее, — а за меня пошла бы?

Феня вздрогнула.

— Шутите! Я простая, вы барин...

— А вот и не шучу, — серьезно ответил Лапа, — иди за меня. Я делаюсь нотариусом и женюсь на тебе. Ну, чего ты плачешь? Ах, глупая!...

## XXVIII

Яков уехал, Лапа получил свидетельство и устраивал свою контору, в то время как Феня торопливо готовилась к венцу.

— Жаль, — говорил следователь Лапе, — что вы оставляете меня. Мне скучно будет без вас работать.

Лапа усмехнулся. Казаринов держал себя неприступно-гордо с того момента, как личность убийцы Дерунова была выяснена, равно как и акт убийства.

— Вот, — говорил он хвастливо в клубе, — осуждают мою систему: всех по очереди. А доказательство налицо! Как я добрался до этого Ивана? Кто мог про него подумать, а глядь, он-то и есть!

Гурьев добродушно смеялся и говорил:

— Что и говорить, Сергей Герасимович у нас Лекок! Русский Лекок!

Силин подслушал этот разговор и написал в местную газету свою последнюю статью, в которой Казаринова называл русским Лекоком и воспел ему славу за то, что он удовлетворил общество, найдя убийцу и отдав его во власть правосудия.

После этого два дня спустя он уехал в Петербург искать счастия в нелегкой роли столичного репортера.

# XXIX

Весенин снова ехал, как бывало, в усадьбу Можаевых, когда на дороге его окликнул заискивающий голос:

— Осмелюсь вторично!

Весенин осадил лошадь и, обернувшись, узнал Косякова. Тот приближался к нему, галантно кланяясь:

— К Елизавете Борисовне? — предупредительно спросил Весенин, закипая гневом.

Косяков изящно склонил голову.

— С письмом?

Косяков поклонился снова и поспешно вынул письмо из кармана.

— Знаете ли, господин Косяков, — заговорил Весенин, нагибаясь к нему, — как карается законом шантаж?

Косяков растерянно взглянул на Весенина и поспешно спрятал письмо в карман.

— О пропаже векселей уже заявлено приставу, — сказал Весенин, — и если ты еще раз появишься здесь, мерзавец, то я...

— Личное оскорбление? — угрожающе произнес Косяков.

— Что?.. — заорал Весенин. — Да тебя бить, каналья, надо! — и, взмахнув плетью, он ударил ею Косякова: раз, два! И погнал дальше свою лошадь.

Косяков отскочил, закрываясь руками, и опрометью бросился в деревню...

Грузов уныло сидел за столом и в сотый раз перечитывал напечатанное в газетах объявление об утрате из имущества Дерунова векселей Можаева, когда в комнату, как ураган, влетел Косяков.

— Пропали! — не своим голосом закричал он. Грузов вскочил и заметался по комнате.

— Маменька, — завопил он, — прячьте меня. Идут! Ловят!

— Дурак! — остановил его Косяков. — Не ловят и не будут ловить, но все кончено!

Грузов сразу успокоился и даже повеселел.

— Что же, — сказал он, — на все воля Божия!

Косяков внезапно схватил его за шиворот и злобно потащил к себе.

— Стой! — крикнул он, вводя его к себе, и бросился на жену. Та закричала от испуга, но он в один миг взял ее в охапку и переложил с кресла на постель. Лихорадочно-торопливо отвернул он с кресла клеенку, вытащил пачку бумаги и с гневом швырнул ею в Грузова.

— Бери, дурак, и пошел вон! Завтра я съезжаю от тебя. Не умел сразу продать, скот!

— Но ведь ты же... — начал растерянно Грузов.

— Вон! — заорал, топая ногами, Косяков. Грузов выбежал от него в испуге.

На другой день сторож судебного пристава, подметая камеру, нашел на полу, у окна, сверток бумаги, в котором оказались векселя Можаева на имя Дерунова, и пристав, подивившись случаю, приобщил их к делу.

## XXX

Прошло пять лет. В один из морозных дней Яков Долинин стоял у Доминика, закусывая пирожком рюмку водки. Вдруг до его плеча кто-то дотронулся. Он оглянулся, и лицо его радостно просветлело. Перед ним стоял Весенин.

— Федор Матвеевич, какими судьбами? Надолго ли?

— На три дня! По делам. Присядем, рад вас видеть.

Они отошли к столику и сели, спросив бутылку вина.

— Ну, что поделываете? — поинтересовался Весенин.

Яков махнул рукою.

— Прозябаю! Служу в банке, управляю фабрикой, играю в винт и хожу в оперу!...

— Живете с братом?

Яков кивнул.

— Читал я его! — сказал Весенин. — Хорошо писать стал. Знаете, — он засмеялся, — разочарование в любви ему принесло пользу. Получился тон, и потом, у него прекрасно выходят идеальные женские характеры. Только везде Анна Ивановна! Между прочим, что с нею?

— С ней? — ответил Яков. — Она совершенно отдалась мистическому настроению. За границей ее уловили ксендзы, и она приняла католичество.

— Нежная душа, — задумчиво сказал Весенин, — она должна была вся отдаться любви и отдалась Богу. Ее дочка?

— Там, воспитывается в монастыре. Она в Милане!

— Вы откуда все знаете?

— Брат ее здесь, Силин. Он репортером в мелких газетах, так от него.

Весенин развеселился.

— Помню, помню. Хват такой? Ну, а он как?

— Он живет великолепно! Рублей по триста зарабатывает. Чем — не знаю, но франтит — страх. Теперь с одним приятелем театр открывает. Будет фарсы ставить!... Ну а вы? Женились? — в свою очередь спросил Яков.

Весенин закивал головою.

— Женат! Двое детей, помещик, фабрикант и счастливый человек!

— А ваши?

— Старики-то? Живут как голубки. Она примерная хозяйка, хорошеет и полнеет. Франт-то этот, Анохов...

Яков перебил его:

— Попался на краже бриллиантов, но дело уже погашено, и он снова чиновник особых поручений. Вчера читал в газете: послан в Олонецкую губернию на какую-то ревизию.

— Ну и пошли ему Бог! — махнул рукою Весенин. — Хотите, расскажу про Лапу?

— Что он? Счастлив?

— Совершенно! С Сергеем Степановичем уже расплатился. Дела процветают, и, знаете ли, не конторою...

— А чем?

— Юридическими советами! Найти что-нибудь или кого-нибудь — от потерянных документов до убийцы включительно, — отыскать зацепку, найти отвод, устроить проволоку — на все это он первый мастер, и юристы глядят на него как врачи на знахаря. А по виду все такой же сонный, вялый, потолстел только.

— И счастлив?

— Еще как! Трое детей у него. Одного я крестил. Господи, как бежит-то время! — воскликнул он. — Давно ли мы все переживали передряги, и вот все тихо, мирно, покойно! Можно подумать, что без этих тревог не было бы и покоя. Даже подлейшие минуты в прошлом кажутся теперь сносными. Нет, я не верю в казни, которые проповедовал ваш брат!... Напротив — все к лучшему!...

Он чокнулся с Долининым и осушил свой стакан.